廣瀬 杲

TAKASHI HIROSE

歎異抄の心を語る

発売　婦女界出版社
発行　方丈堂出版

廣瀬　杲
歎異抄の心を語る

目次

歎異抄　序文

竊回二愚案一《ひそかにぐあんをめぐらして》、粗勘二古今一《ほぼここんをかんがうるに》、歎レ異二先師口伝之真信一《せんしのくでんのしんしんにことなることをなげき》、思レ有二後学相続之疑惑一《こうがくそうぞくのぎわくあることをおもうに》、幸不レ依二有縁知識一者《さいわいにうえんのちしきによらずは》、争得レ入二易行一門一哉《いかでかいぎょうのいちもんにいることをえんや》。全以二自見之覚悟一《まったくじけんのかくごをもって》、莫レ乱二他力之宗旨一《たりきのしゅうしをみだることなかれ》。仍《よって》、故親鸞聖人御物語之趣《こしんらんしょうにんおんものがたりのおもむき》、所レ留二耳底一《みみのそこにとどまるところ》、聊注レ之《いささかこれをしるす》。偏為レ散二同心行者之不審一《ひとえにどうしんぎょうじゃのふしんをさんぜんがため》也《なりと》　云々

廣瀬 杲
歎異抄の心を語る
目次

第6回講座　歎異抄の構造　199

あとがき
――無畏の真人、親鸞の沈黙　248

◎本書は朝日カルチャーセンターにおいて、一九八四年四月～九月に開かれました講座をもとに編集・改稿・加筆いたしました。
◎本文中の「歎異抄」ほか原文は、東本願寺出版部発行の『真宗聖典』を引用しています。
◎文献からの引用文は行頭から三文字下げて記してあります。
◎本文中、「一念多念文意」の左訓は法藏館発行『定本親鸞聖人全集』を参考にしています。

第1回講座

その語りかけの今日性

はじめに

今から始めますこの講座に、「歎異抄《たんにしょう》の心を語る」という非常に抽象的なと申しますか、漠然としたテーマを立てましたのは、歎異抄という書物の内容を逐条的《ちくじょうてき》にお話ししたり、あるいは歎異抄の成立とか、基本的な教学の問題とかを扱うことはできるだけ避けまして、できれば、歎異抄という一冊の書物が私たちに訴えかけてくる、語りかけてくる、その心に触れたいということでお話をさせていただこうと思っているからです。

私は筋の通った話をするということが苦手でして、ある意味、筋なしの話ということになっていくだろうと思います。そういう意味では、いわゆる脱線ということがないんです。もともと筋がないんですから、脱線のしようがないわけです。あちらへ行ったりこちらへ行ったり、気持ちの中に浮かんでくることをお話しさせていただきます。

そうは申しましても、この講座は六回という指定がございますので、ただ風景を眺めているというだけに留まるわけにはいかないだろうと思います。それで今日は、できればこういうことをお話ししたいということをひとつ考えてきております。それは、歎異抄が語りかけてくる言葉の現在性とでも申しましょうか、今日性とでも申しますか。少しきっちり申しますと「その語りかけの今日性」ということでお話をしてみたいと思っております。

歎異抄の不思議さ

かれこれ二十年以上前にもなりましょうか、あるひとつの経験が私にはございました。

当時は同志社大学の神学部に所属していたと思いますが、ＮＣＣ宗教研究所とよばれるキリスト教の教学の研究所がありました。ＮＣＣとは日本キリスト教協議会のことです。その宗教研究所は今日では京都の御所の前にありますけれども、それが同志社の学内にあった頃に、「キリスト教と日本の諸宗教との出会い」ということがキリスト教会の大きな現実的課題としてありました。ＮＣＣのほうで企画をしたのですが、それを確かめていくという試みがちょうどその頃から始まったわけです。

日本では宗教という名の下《もと》にいろいろと諸宗教があるわけですから、どれから確かめていってもよかったのでしょう。けれども日本の諸宗教の中で、どこかキリスト教と似ているように見える宗教が浄土真宗といわれている宗教だという了解《りょうかい》が、案外にして一般的に広がっているのですね。これについては、私は根底的に共通であるというような確かめがなければ十分にそうとは言えないだろうし、似ているということだけで言うならば、これは似て否なるものと言ったほうが正確だろうと思っております。しかし一般的には、それほど堅苦しく考えませんよね。ならば、やはり日本の諸宗教の中で、なかんずく仏教の中でキリスト教と非常に近い様態をもった宗教それは浄土真宗、親鸞聖人の宗教が非常によく似ていると考えられているのです。

おそらくそんなところからだろうと思いますけれども、ＮＣＣの方は「キリスト教と諸宗教との出会い」という大きな課題への取り組みの第一回目に、「浄土真宗との出会い」というのを計画されたわけであります。つまり、その宗教の代表的な教典なり論書なりをテキストにしながら読んでいく、そしてお互いに話し合って出会いを確かめていこうと、こういう計画を立てられたわけであります。

私のように浄土真宗という宗教に身を置いておりますと、これが一番大切な聖典である、あるいはこれが一番大切な論書であるという書物はあるわけです。が、その時は向こうの方から書物を指定してこられたんですね。その指定された書物が歎異抄だったわけなんですよ。私はその時、歎異抄という書物がキリスト教会の方々に、非常に近い所に位置付けられているのだということをまず知ったわけであります。

その宗教研究所の集まりと申しますのは、月に一回ずつで、一年間で十二回ピッチリ続けたわけでありますけれども、出席して聞いてくださる方々というのが現役の牧師さん、そして神学部の大学院の院生さん、さらにはその周辺の数人の人々。同志社大学ですから多くはプロテスタントの教会に所属しておられるわけでしょうが、時にはカソリックの教会の神父さんも来ておられました。その他の宗教の関係の方もおいでになっていたようでした。約五十人くらい、

親鸞（しんらん）――1173-1262。浄土真宗の開祖。9歳の頃に出家して天台宗の僧となる。29歳で法然の弟子となり、綽空、後に善信と名乗った。35歳の時、法然の専修念仏停止に連座し、越後に流された。この間、自ら姓を愚禿と称し、名を親鸞と改めた。39歳で赦免されたが、以降は関東へ移って師法然から教授された専修念仏の教えの宣布に尽くした。帰京後、多くの著作をなし、90歳で入滅。著書は『教行信証』はじめ多数。

毎月おいでになっていたんです。

その会合の時に、一人の若い牧師さんがこう発言されたんですね。

「現代だけではなくて、長い人間の歴史を貫いて、あるいは洋の東西を問わず、ベストセラーといわれる書物は何だと思いますか」と。

私ははたと困りました。ベストセラーはその時その時にございますが、洋の東西を問わず、そして現代と言わないで人間の歴史の中でベストセラー、それはロングセラーですね、そう言われる書物は何かと聞かれたもんですから、ちょっと返事に困っておりました。そしたら「それはキリスト教のバイブルですよ」とはっきり言われました。言われてみたら、そのとおりです。おそらくバイブルほど多くの国の言葉に翻訳されているものはないでしょう。そして人間がいるところ、どこへでもバイブルは積極的に入って行っておりますから、数量的に申しましても、どのくらいの人に読まれているかということになれば、おそらくバイブルをしのぐベストセラーというものはないだろうと思います。ですから、その若い牧師さんは、まったく間違いのないことをおっしゃったわけでありまして、「そうですね」って私は返事をしました。そこでその牧師さんは、

「ただひとつ、私には最近不思議に思われてならないことがあるんです」と言うんですね。

「それは何ですか?」とお尋ねをしますと、

「歎異抄だ」と言うんです。なぜかと言うと、バイブルがロングセラーでありベストセラーであるということは、ただバイブルの内容が人間の心に深く食い入る内容だからだ、というだけで終わっていないと言うんですね。少なくとも、バイブルが全世界の人々に読まれるためには、全世界のキリスト教会がそのバイブルの一語一語の翻訳について、いつもいつも深い注意を払って、ずいぶん努力を重ねてきていると言うんです。ですから決してバイブルというのは、ただみんなが面白がって読んでいるという意味でのベストセラーではなくて、当然ベストセラーになるべくしてなったものなんだと。その背後には、キリスト教会という大きな宗教集団の全力をそこに傾けていると言ってもいい伝道の精神があり、一つひとつの言葉が生きていく状況というものを作り出しているのだと。だからそういう意味では、バイブルがベストセラーでありロングセラーであるということは、その本来の内容もさることながら、キリスト教会の弛《たゆ》まない努力というものがあるんだと、こう言われるんですね。

そしてその牧師さんは、「ところが不思議で仕方ないのが歎異抄だ」と言うんです。なぜかというと、どう見ても歎異抄は、歎異抄を大切な聖典としているであろうはずの親鸞を開祖とする本願寺教団が、歎異抄を世の人々に読まれるようにするという努力をした跡が窺《うかが》えないと。にも拘らず歎異抄は今日、その勢いということで言うならば、バイブルにもまして多くの人々に読まれている。これはいったいどういうことなんだろうか、それが不思議でならないんだ、ということを若い牧師さんがおっしゃったんです。

私は、その牧師さんの指摘を聞きまして、迂闊《うかつ》なことでございますけれども、ある意味で初めて歎異抄の魅力の不思議さを知らされたという気がいたしました。その牧師さんが言われるとおり、たしかに歎異抄という書物を世の多くの人々に読んでもらうための努力を、東西両本願寺教団がその歴史の中でやってきたという跡はまずゼロだと言って間違いないと思います。むしろ歎異抄という一冊の書物が世に公開されることを、拒否するような形で東西両本願寺教団は歩いてきたと言ったほうが、私は間違いがないように思います。

ご承知かと思いますけれども、歎異抄という書物が出来上がりましたのは、だいたい親鸞没後二十五〜三十年ぐらいであろうと推定されております。親鸞聖人が亡くなりましたのが一二六二年、弘長二年でありますから、だいたい一二八〇〜九〇年の期間に『歎異抄』という一冊の書物が作られたわけですね。これまで約七百年という歳月を経てきているわけなんです。

ところが、先程から申しておりますように、親鸞を開祖とする本願寺教団の歩みは、できるだけ歎異抄が人々の目に触れないように努力をしてきた、逆の努力をしてきたと言っていいと思います。はっきり申しますと、特に明治以前の徳川の幕藩体制とひとつになっていくような体制の下にありました教団の中で、もし歎異抄がどんどんと読まれたならば、おそらく東西両本願寺の教団は今日あり得なかっただろうと思います。言うならば、歎異抄という書物は教団にとって決して都合のいい、ありがたい聖典ではなく、むしろ教団が困るような問題を遠慮会釈なく切り込んでくるという性格をもっていたわけです。ですからそういう意味でも、牧師さんの指摘のように、東西両本願寺教団の歩みは歎異抄非公開の歩みであったと、こうはっきり言って間違いがないわけであります。

歎異抄の発掘・拡がり

その歎異抄が一般に読まれ、そして話されるようになりましたのは、だいたい明治の三十年代後半であります。もちろん、明治のもう少し早くに数人の方が歎異抄に着眼をしているということはございますけれども、それはかなり特殊な状況であります。ですから明治三十年代の後半ということになりますと、歎異抄ができました時から勘定すれば六百年という年月を経ておりますが、現在まで、わずか約百年の年月しか経ていないわけなんですね。このことは決して見落としてはいけないことじゃないかという気がするわけであります。師匠親鸞聖人の教えを正しく伝達しようという願いひとつをもって書かれた歎異抄が、じつは親鸞聖人を開祖とする教団の中で公開が許されないで、約六百年の間、歴史の地下に隠されていたという事実があるるわけです。歎異抄を公開し得なかった親鸞を開祖とする教団というのは何であったのか、歎異抄という一冊の書物を六百年も歴史の地下に埋没させていたという事実を通して、考えさせられるわけであります。

そしてまた、日本がそれまでの鎖国を破り西欧文明を取り入れて、まったく違う新しい国になろうとした近代日本の出発の頃、六百年もの間地下に埋没させられていた歎異抄が近代人の手によって発掘されたという事実があります。いくら発掘されましても、歎異抄は六百年前に書かれたものであります。やっぱり古い文字で、言葉使いも古く、近代的表現はとっていないのは当然です。にも拘らずこれを発掘したのは、教団ではなくして、教団に直接所属しない、あるいは所属していても否定的な関わりをもっている近代の日本人が発掘したわけであります。そして発掘以来、歎異抄は百年足らずの歳月で、文字どおり燎原《りょうげん》の火が拡がるような勢いで広がっていったんです。

言うならば、歎異抄という書物は、単に今まであまり目につかなかった一冊の古典がある人によって発掘されたというだけに留まっていないのです。もし、単なる一冊の古典であったならば、それほど珍しいことでもないと思います。近代人というのは古い物を探し出すのが非常に得意ですから。しかし発掘された物が、発掘した一人あるいは数人の間で珍重がられているものではなくして、発掘された途端に近代人そして現代人の中にどんどん自分の足で広がっていくという事実があるわけなんですね。これは、先程申しました若い牧師さんが言われていたとおり、本当に不思議な現象だと言わなくちゃならないと思いますね。

しかも、近代から現代へかけましての拡がりの様相というのが、これがまた凄《すさ》まじいんです。凄まじいと申しますのは、時を選びませんし、所を選びませんし、そして人を選ばないんです。具体的に申しますと、だいたい近代人のひとつの特徴といたしまして、あらゆる物を教養として読むというようなことはたしかにあります。しかし同時に、近代人のもうひとつの特徴は、イズムとかイデオロギーとかいう自己の生きていく元になるような考えについては、固執と言ってもいいほどに、それにしがみつくという性格もあると思うんですね。近代から現代にかけての日本人には、何事かを主張するイズムをもち、何事かを訴えていくイデオロギーに立つという特徴があるわけです。不思議なことに、どんなイデオロギーのもとに生きている人でありましても、あるいはどんな宗教に所属している人でありましても、あるいは無宗教と言っている人でも、それがまた科学者でも、あるいは人文系のお仕事をなさっておられても、それどころか文字に親しみをもっておられなくても、何らかの活躍をしておられる青年諸君でありましても、そういう選びをまったく超えてどんな人も、歎異抄を読んで、違和感を感じないんですね。これは不思議なことだと思います。

証拠をあげろとおっしゃるなら、私はいくらでもあげられますよ。例えば、マルキストだけじゃなしに、完全にコミュニストである人が歎異抄についてはっきり物を書いておりますね。何人か書いておられます。ましてや、左翼の思想家たちが歎異抄にどのくらい大きな影響を受けて物を書いているかということになると、これもまた数えきれないほど多いわけです。左ばっかりかというと、そうでもないんですね。左翼系の物の考え方とは違う考え方に立っておられる人もまた、歎異抄を読んでおられるんですね。それでやはり歎異抄から何らかの感動を得ておられるんです。とにかく一般的には、そんな状況なんですね。

先程より申しておりますように、歎異抄が公開されて約百年。今日に至るまでどのぐらいの数、歎異抄についての了解書《りょうかい》あるいは解説書が出ているかといいますと、きっちり勘定することはできないんです。と言うのも、今でも次から次へと出てくるんですね。大雑把《おおざっぱ》に申しまして、今日でおそらく三百ではとまらないだろうと思いますね。四百近いんじゃないかと思います。もし四百だといたしましても、一年に四冊ずつ新しい歎異抄についての解説書が出ているわけですよ。しかも、歎異抄という書物は、字数で申しまして一万五千字あるかなしかであります。この字数は、皆さんが毎朝食事をとりながらご覧になる新聞の一面と比べましても、問題にもならないほど少ない字数なんですね。そんな小冊子に書いてある事柄がどんなに難しいと申しましても、一年に四人も五人もの先生方が、解釈をしてどんどん本を出さなくちゃならないほど難しいはずはないと思いますよ。数人の方が了解を述べ、あるいは解釈をされれば、だいたいそれを基準として読まれていくというのが、一般的な常識じゃないかと思うんですね。

ところが、やはり毎年毎年、ほんとに性懲《しょうこ》りもなくと言ってもいいくらい次から次へと、いろんな方が歎異抄について書かれるんですね。そして不思議なくらい、その書物はものすごく売れるんです。もう亡くなられましたけれど、英文学者で歎異抄の了解を著された本多顕彰《ほんだあきら》という先生がおられました。この本多先生の歎異抄指南書が一時期非常に有名になったもんですから、私は、東京と名古屋と京都と九州の福岡の四つの都市のもっとも代表的な本屋さんで、どんな状況になっているかを調べたことがありました。そうしましたら、どの都市でもある一時期、ベストセラーのベスト1《ワン》になっていたのが、この本多先生の歎異抄の講義だったんですよ。でも、それを手にとり拝見をしまして、どうしてそんなにベスト1になるほど魅力があるんだろうかと思いました。もちろん立派な本に違いございませんけれども、どこでもベスト1になるというほど魅力があるとは、正直に申して思いませんでした。しかし読まれているという事実があるわけですね。しかしそれは本多先生の本だけじゃありません。それに先立っても何人かの方が書かれた歎異抄についての本がいつでも、少なくともベスト10《テン》には入っておりました。ということはいったいどういうことなんでしょうか。

もうひとつ申しますと、歎異抄に関して話をしろと言われると、その方はご自分がどういう

本多顕彰（ほんだ・あきら）
――1898-1978。英文学者、評論家。1964年に『歎異抄入門―この乱世を生き抜くための知恵―』（光文社）を出版。

お仕事をなさっていようがどういうお立場でありましょうが、関心をもたれる方ならば何のためらいもなく話をされますね。だいたい文化人というものにはケジメもございますし、文言も心得ているものでありまして、「それは私の専門じゃございませんから」というのが普通じゃないでしょうか。もし私に「万葉集っていうのは有名な書物だから知ってるだろう、話をしろ」と言われても、もうどうしたってお断りいたしますよ。「できません」って言います。どうして歎異抄だけはみんな話ができるんでしょうかね。変だと思いませんか。だって、歎異抄はやっぱり宗教書ですよ。そして、宗教に関心をもたない人が宗教書について語るということは、臆面もなく、というような感じじゃありませんか。でも、平気でそれをおやりになるんです。そしてそれは決して、別に何か意図するところがあってではないんですよ。平気でやれるという性格を歎異抄のほうがもっているんですね。だからいろんな人が、いろんな思想の持ち主でありましても、その立場から歎異抄を了解して、そういう話が多くの人々に読まれるような書物として出版されていくわけですね。

歎異抄が何の違和感もなく人々に読まれ、人々がそれについて語り、人々に了解を述べ、それをまた多くの人々が読んでいくという事実があります。これから六回、私がお話をする中で確かめていくことになろうかと思いますけれども、歎異抄のもっているひとつの特色、極めて特異な性格がここにあると思います。

歎異抄の性格

岩波文庫『歎異抄』を持ってまいりました。これは私の先生である金子大栄《かねこだいえい》という人によって校訂をされたもので、昭和六年に初版が出ました。それから今日まで、この書物は一年に一版ずつ再版されてきているんですよ。まあ、岩波文庫という有名な文庫の一冊でも、そういう書物もまず少ないだろうと思いますね。じゃあ、岩波文庫にだけあるのかというとそうでもなくて、文庫という名のつく書物は、たいてい歎異抄をその中に組み込んでおりまして、どれを取り上げても、かなりの部数が売れておりますし、かなり版を重ねています。

また、発掘からわずか百年足らずの間に英語になっておりますし、ドイツ語、フランス語、ポルトガル語、ハングル、さらにはエスペラントという言葉にもなっております。それは、誰が企画して誰がやったというわけじゃないんですよ。世界の人々に、そしてどんな人々にも読んでもらえるようにということを歎異抄という書物自体が要求しているんですね。

ひとつ極端な例を出しましょう。

「子連れ狼」というテレビ番組が以前に放映されておりました。私は面白いので見ていたんですけれど、その週の放映が終わりまして、次週の予告編にナレーションが入ります。芥川《あくたがわ》隆行《たかゆき》さんだったと思います。そこでこういうことを言っていました。

金子大栄（かねこ・だいえい）
——1881-1976。近代仏教の開拓者・清沢満之の直系の仏教学者であり、近代真宗学の方向を決定した代表的教学者の一人。『教行信証講読』はじめ多くの著作を発表しており、『金子大栄選集』『金子大栄著作集』（春秋社）、『金子大栄随筆集』（雄渾社）等として集録出版されている。

「善人《ぜんにん》なおもて往生《おうじょう》をとぐ、いわんや悪人《あくにん》をや。瞑府魔道《めいふまどう》を行く拝一刀《おがみいっとう》親子は果たして真実報土《しんじつほうど》の往生を遂《と》げることができるか」。

どうですか？　まあ、おわかりになる方も大勢おいでかと思いますけれども、やっているのは劇画のテレビ化ですよ。拝一刀という一人の怨念《おんねん》をもった侍《さむらい》が、大五郎という名の我が子を木箱みたいな車に乗せて、そして裏柳生《うらやぎゅう》の刃《やいば》の中をぬって歩くというストーリーのチャンバラ劇ですね。だからその子連れ狼を見ながら「お説教を聞こう」と思ってる人は一人もいないですよ。みんな茶の間で楽しもうと思って見ているわけでしょ。ところが、その楽しもうと見ている人に、来週も見てもらうために予告編は入るわけですよ。それが「善人なおもて往生をとぐ、いわんや悪人をや。瞑府魔道を行く拝一刀親子は果たして真実報土の往生を遂げることができるか」。

善人《ぜんにん》なおもて往生をとぐ、いわんや悪人《あくにん》をや。　（歎異抄　三条）

これは歎異抄の有名な言葉ですね。ところが後のほうの「果たして真実報土の往生を遂げることができるか」というのは、一般的には知られていないんじゃないでしょうか。「真実報土の往生をとぐる」とは、やはり歎異抄（三条）に出てくる重要な言葉なのであります。「子連れ狼」では、そのふたつの言葉をポイントにして、来週もチャンネルを替えないようにしてくださいよ、と訴えたわけです。見ている人の耳に違和感なく、来週もこのチャンネルで「子連

エスペラント（Esperanto）
——異言語をつかう諸民族の相互理解のため、万国共通語をめざして1887年につくられた言葉。

れ狼」を見ようという約束をさせたわけであります。何でもないことのようですけれど、制作側はプロです。この言葉で間違いなしに来週もこのチャンネルで「子連れ狼」を見るに違いないと確信をもって予告編を作るわけですね。それは言葉遊び的な魅力だけではないと思うんです。その言葉の意味は尋ねられてもわからないにしても、そういう言葉を通して、娯楽番組が娯楽以上の何かを人間に訴えていく。人間の心に人間を明らかにしていくひとつの筋道を見つけていくような訴えがまったくないとは言えないと、私は思うんです。でなければ、もっと見事な言葉をそこで使えるはずですよ。でもその見事な言葉以上に、歎異抄を使うほうが効果的である、効果的であるというのは、単に営利的な意味での効果ではなくして、人間の心を惹き付けるのに効果的である、という理由だったわけでしょうね。私は、歎異抄というのはそういう性格をもっているんだと思います。

もうひとつ、違う例をお話しします。これも「今日を限りの」というテレビのドラマがございました。それは戦争中、帰りの燃料を積まないで飛んでいった特別攻撃隊の青年の手記をもとにしたドラマだったんです。航空隊に配属され、明日出発という出動命令が出た大学出の兵隊さんが、最後まで壕《ごう》の中で、自分がやってきた勉強のノートを作っているんです。明日死んでいく人間が、学校で自分が専攻していた学問を刻むようにノートにとっているんですね。そして、自分の次の日に出発していく戦友、友達に話しかけるんです。「もう俺の仕事もこれ以上はできなくなった。これで俺は死んでいく。でも、俺はこれで死んでもいいんだ」。そして「でも、お前は俺より一日でも長生きができるんだから、これだけお前に渡しておく」と言って、二冊の本を渡すんです。その二冊の本を受け取った後発部隊の兵隊がその本をふと見て、「歎異抄だね。そしてカラマーゾフの兄弟だね」。

こういう、これだけの台詞《セリフ》です。私はその時、感動しました。私も戦争の経験者でありますけれども、死を目の前にして、なおかつ死んでしまったらそんな物を勉強して何になるのかと言われそうな状況の中で、自分の学んできた学びを命の終わる時まで続けていきたいと願って、壕の中で勉強しているわけですよね。その人が、もうこれでいいんだと言って、やがてまた同じ運命の下《もと》に死んでいく友達に、二冊の本を渡していく。それが『歎異抄』と『カラマーゾフの兄弟』なんですね。ただ、その二冊の書物を渡したということ、そしてそれを受け止めたということによって、明日死んでいく人とその翌日死んでいく青年の二人の中で、生きるということが、どこかではっきりとお互いに確かめられているわけですよ。そのうちの一冊がこの歎異抄なんですね。壕の中に持っていったんですからボロボロになった岩波文庫だったろうと思います。そういう状況下にあるひとりの青年から、もうひとりの青年へ、命の大切さと命の充足性とを、言葉ではなくて、ボロボロになった岩波文庫を手渡すという行為で達成していくわけですね。

私は、これらのことを思います時、歎異抄という書物のもっている基本の性格というものは決して並大抵のものではないと思います。それほど軽々しくわかったとか、わからないとか言えるようなものではない。一年に四冊も五冊もの了解書、解説書が出てくるということは当然なんだと。どれほど読んでも、どれほど了解したと言っても、それで尽きるということがない。あえて言うならば、人間の命の営《いとな》み自体が千差万別であり、解決不可能な状況がくればくるほど、歎異抄の語りかけは生き生きとした今日の語りかけになっていく。私は、そういう性格のものとして歎異抄という書物を、基本的にうなずいておくということが大切なことじゃないかと思うわけであります。

歎異抄の矛盾

今日お話をしたいと思っておりますことは、歎異抄の書物がもっている具体的な性格についてです。そのことをまず最初に確かめておかないと、宗教についてのお話ということになりますと、何か窮屈になりがちだということがあります。そして歎異抄という書物が、いわゆる眉間に縦皺《たてじわ》を寄せながら聞けばわかるというような性格の書物でないということを、お互いに確かめたいということで、あれやこれやと取り混ぜてお話をしているわけであります。

人間という存在はそれぞれの生き方をいたしますし、それぞれの時代の制約も受けておりま
す。また個人個人の制約もあり、様態もあるわけでありますから、本当に千差万別であります。
にも拘らず、時代と社会とそして人との選びを超えて誰かが歎異抄の語りかけを聞くと、その
人その人が具体的にうなずき、そして人々に語る時に、さして衒《てら》うことなく恥じらうことなく
語っていけるのです。これが歎異抄のもっている極めて重要な性格を具体的に表現していると
言ってもいいと思います。

ところが私は意地が悪いもんですから、反対のことも言っておきます。歎異抄というのはそ
れほど、どんな人にも、愛読書というよりも今日を生きている人間の心の糧《かて》となり、精神への
語りかけ、あるいは命の根源への語りかけと言ってもいい、そういう性格をもっている書物で
す。かと言って、歎異抄は本当に現代人好みの書物なのか、ということを違う面からいっぺん
確かめておかないといけないと思うんですね。

これも極めて具体的な例を出して申し上げます。もう十数年前の話でありますけれども、あ
る都市で、かなり有名な女流作家の方と二人で講演をしたことがございました。その方は私よ
りは年輩でありましたし、そしてテレビや新聞、雑誌などでもかなり幅広いご活躍をなさって
おられました。その方と、たまたまご一緒させていただきまして、別々にお話をしたわけであ

ります。

その会場は一般の場所ではなく、宗教色の強い講堂だったわけであります。すると、公開と申しましても、どうしてもその宗教に心を寄せている方がかなりの数集まっておいでになるわけですね。私も聴衆の場所に座りまして、その女流作家の先生のお話をお聞きしたんですが、どうもいつものように流暢な、心のヒダに食い入るようなお話になっていかないんですね。なんだかぎこちないんですよ。テレビなんかでその方のお話を聞くと、その方らしいなと思うような話をされるわけであります。ですから、そういう話を私も期待をしておりました。特に、そういう会場でどんなお話をなさるのか、ということもひとつの興味でもあったわけです。しかしどうも、もうひとつしっくりいかないという感じがしてならなかったんです。

ともかく一時間ほどのお話が終わりまして、次は私が話さなくちゃならないということになりまして、お礼かたがた控え室にまいりましたら、ずいぶん不機嫌なんですね。そんなの、私を怒っても仕方がないと思うんですけれども。私もいらんこと聞かなきゃいいのに、「如何《いかが》でしたか」と聞きましたらですね、「こういう会場は話しにくいですね」って言われるんです。そうですかって言いましたら、「とにかく、集まっておられる聴衆の方が、なんかだ最初からナンマンダブツって言うし、ああいう雰囲気の中にいると、どうしても念仏だとか往生だとかをどこかで言わないと話にならないような気持ちになって、どうも素直に話ができない」と。

だから、「今日の話は私には、非常に苦痛だった」と。まあずいぶん苦痛だったんだろうなということはわかりましたけれども、その理由がそういうことだったたんですね。で、私はいらんことを本当に言わなきゃよかったんですけれども若気の至りか、ついついその方に「先生は、あの……歎異抄っていう書物、ご存じですか」って聞きましたら、ほんとにきつーい目で私のほうを見まして「歎異抄は知っておりますよ。少女時代からの愛読書のひとつですからね」って言われました。そこでやめときゃよかったんですけれども、私が「じゃあ、先生。あの歎異抄の第一番目の章。あれ、どんなふうにお読みになっておいでになります？」って言いましたら、サッと顔色が変わりました。そりゃそうですね、歎異抄の第一条の最初は、

弥陀《みだ》の誓願不思議《せいがんふしぎ》にたすけられまいらせて、往生をばとぐるなりと信じて念仏もうさんとおもいたつこころのおこるとき、すなわち摂取不捨《せっしゅふしゃ》の利益《りやく》にあずけしめたまうなり。

（歎異抄　一条）

となってるんですから。その前には何の説明も、何の導入句もなしで、頭っから「弥陀の誓願」って始まってるんですよ。それが少女時代からの愛読書なんです。

現代の文化人と言われる人々にとって、歎異抄という一冊の書物は文化人の資格を決めると言ってもいいような、ひとつの性格をもってるわけなんです。だから、その方が少女時代から歎異抄が愛読書だと言われることに、私は嘘はないと思っています。しかし、その方がそのよ

うな会場でナンマンダブツという声を耳にすると、念仏だとか往生だとか言わないと話にならないのじゃないかという気になった。途端に気持ちが閉じていく、ということですね。そこに大きい矛盾があるわけです。現代人が必ず読むべき百冊の本っていうのがありますけれども、その中に戦前戦後を問わず、いつの時代にも歎異抄が入っているわけですよ。ですからある意味では歎異抄というのは、現代において教養を身につける人間にとっては読まなければ恥になると言ってもいいような書物なんですね。だから私は、その先生に誠に失礼なことを聞いたことになるわけですね。「歎異抄をご存じですか?」っていう聞き方は、その先生の耳に入った時には、「あなた文化人ですか?」と聞いたことと同じような意味になってしまうんです。でも「少女時代からの愛読書だ」と切り返してこられたんで、意地悪く言うつもりはなかったんですけれど、「その一番最初、どうご了解になりますか」なんて言ったら、顔色が変わるのは当然ですね。「弥陀」って何か、「誓願」って何か、「不思議」って何か。「念仏申す」、「摂取不捨」なんていうことも出てくるわけでしょ。これが愛読書の冒頭の言葉なんです。そこだけ抜いて途中から愛読するわけにいかないんですよ、そこから始まるんですから。全部、その方にとっては嫌な言葉ばっかりなんですよ。だって、講演中にお念仏が出ただけでもう嫌になったんですから。にも拘らず愛読書であり、そしてそれによって、現代の文化の担い手として役割を十分に果たしておいでになるんですね。

非常に皮肉な物の言い方をしているようでありますけれども、ここに大きな問題がもうひとつあると思うんですね。と申しますのは、先に、誰の心の中にでも入っていく、歎異抄の一人歩きをする姿を話しましたが、それと違う側面での特色があると思うんです。

客観的に考えるならば、その先生の話は矛盾であるということは誰でもわかることですよね。愛読書というのは、いつも愛しながら読むから愛読書というんですから。だけど、中に書いてあることが嫌いだということになれば、愛読書のカバーが好きだということなんですよ。誰が考えたって矛盾だとわかります。ところがわからないんですね。それが矛盾だと気が付かないんですよ。しかも、学問をしないからその矛盾に気が付かないというような意味じゃないんです。学問をしていようが、学問をしていまいが、そういうことを抜きにして気が付かないんですよ。もう少し突っ込んで申しますと、現代人にとって歎異抄の言葉の一つひとつは、決して現代人の好きな言葉ではないんです。

好きか嫌いかという判断で考えると、歎異抄の言葉の中で好きな言葉ということになると、現代人にはほとんどないと言ってもいいと思います。もっとはっきり申しますと、現代の生活様態の中には、こういうようなことは、むしろ入ってくる余地がないと言っていいような言葉のほうが多いんじゃないでしょうかね。にも拘らず愛読書になるということもあるんです。この矛盾は、ひとりの矛盾ではなくして、現代人という、言うならば本当に知性の発達した人間にとっての本質矛盾にまで関わってくることだと私は思っております。だからそういうことで申しますと、この矛盾に気付かせないところに、またある意味では、歎異抄の恐ろしい力があると思います。どんな大学者でありましても、そういう矛盾を犯していくのです。あるいはそういう形では犯さないにしても、そういう矛盾に近いような状態を起こしていく。しかし、起こしていっても、そのことがその人の中でチグハグにならないと。こういうひとつの特色が歎異抄にはあると思います。

質を転換する歎異抄

近代から現代にかけての日本人の中で、私が本当に大切な人物だと思える方に西田幾多郎《にしだきたろう》という哲学者がおいでになります。西田先生は、哲学の専門の方々に言わせればいろいろなご意見もあろうと思いますけれども、少なくとも近代日本が生んだ最高の哲学者であり、日本人らしい哲学者であるということは動かせない事実だと思うんですね。だから、ヘーゲル哲学などと並べて、西田哲学というふうに言える独自の哲学であるわけです。そういう意味では、近代日本が生んだ最高の思想家であり、最高の文化人であり、最高の学者である、と言って決して言い過ぎではないし、今後もその評価は動かないと私は思っております。

西田幾多郎（にしだ・きたろう）
——1870-1945。哲学者。石川県生まれ、京都大学教授。日本的「無」の哲学を説く。『善の研究』『無の自覚的限定』等の著作がある。『西田幾多郎全集』（岩波書店）として集録されている。

その西田先生が「もし仮に、どこか人里離れた孤島へでも行けと言われて、その時一冊だけしか書物を持って行ってはいけないと言われたならば、私はためらいなく歎異抄一冊を持って行く」と言い切っておられます。あの強靱《きょうじん》な思索と、そしてあの膨大な著述を残された西田先生が、一万五千字のこの一冊があれば、あとの物が全部なくなってもかまわないと言い切られるんですよ。とすると、先生の膨大な思索を生み出すための、英独仏中国日本あらゆる国の言葉で書かれている膨大な資料であった書物が、この一冊の歎異抄と比べるわけにいかない質の違いがある、と言っても言い過ぎではないわけですね。少なくとも、西田幾多郎という一人の先生が、人間であるという一点のところで大切にしている書物があるとするならば、歎異抄だと言い切れるわけですね。大切な書物は他にも無数にあるだろうと思います。しかし言うならば、学者西田が学者であるに先立って、人間であったわけです。

先程の、ちょっと意地の悪い物の言い方をしてしまいました一人の女流作家の中の矛盾というのは、ただ矛盾ではなくて、今申しましたような、西田先生の一言に代表されるようなことがあり得るんだと、質の違う転換があるんだということが、歎異抄のひとつの大きな性格として、やはりあると言っていいと思います。

もう一人申します。

清沢満之（きよざわ・まんし）
——1863-1903。近代の代表的仏教者。名古屋出身。真宗大谷派で得度。結核で血を吐きながら、教界の革新に挺身し、現在の大谷大学の前身である真宗大学を創建。日本近代化のなかに精神の物質化の危機を看取して、雑誌「精神界」を発行し精神主義を唱道した。『歎異抄』を近代人に公開した代表的人物のひとり。

少なくとも明治の三十年頃から、歎異抄は公開されてきましたが、その公開に重要な役割を果たした代表的な一人に清沢満之《きよざわまんし》という方がおられます。真宗大谷派という教団の、私が身を置いておりました大谷大学では学祖と仰いでおります。四十歳そこそこで、結核で血を吐きながら亡くなっていかれた方であります。もともとは、日本哲学界の出発をなすような位置に身を置くべき人であったわけです。東京帝国大学を出て、昔の第一高等学校で教鞭をとり、現在東洋大学と申しております昔の哲学館を開きました井上円了《いのうええんりょう》という先輩とともに、日本で哲学ということを始めた代表者の一人なんです。

その清沢先生がはっきりこういうことを言っています。「自分にとって三冊の大切な書物がある。その一冊は、エピクテタスという人の語録である。もう一冊は、阿含経《あごんきょう》である。そしてもう一冊は、歎異抄である」と。三冊ともバラバラみたいですけれど、これが「私にとっての三部経である」とはっきり言っておられるんです。

エピクテタスという方は、暴君ネロで有名なローマ帝政時代に生きた哲学者です。身分は奴隷でありながら、一つの哲学を築いていく人であります。いわゆるストア学派の学者です。エピクテタスという人には、著書というものは残っていないんだそうです。その後の人が集めた語録が、ある意味では唯一と言ってもいいものなんですが、それほど長いもんじゃありません。翻訳も出ておりますけれども、端的に人間という存在の重要な問題を指摘している書物なんで

井上円了（いのうえ・えんりょう）
——1858-1919。明治・大正期の哲学者。西洋哲学をもとに仏教を解釈し、近代の仏教哲学を唱えた。東洋大学の前身、哲学館を創立。

すね。それが清沢先生には非常に大きな影響を与えたわけであります。そして、大乗仏教といわれる仏教が思想の豊かな深い意味を公開している仏教だとするならば、阿含経を中心とする仏教はむしろ小乗として、小さな乗り物だと貶《おとし》められて位置づけられ、経典では原始経典であるとされています。

ところが、極めて近代的な人間であり仏教者である清沢先生の目から改めて見直す時に、そういう既成の観念は全部消えてしまい、まったく直接の脈絡はございませんけれども、ローマの哲学者エピクテタスの語録と、小乗仏教の経典といわれている阿含経と、親鸞の語録あるいは口述録である歎異抄の三冊の書物が自分にとっての三つの聖典だとこう言い切っておられるわけですね。ここにも何か、先程から申しておりますような非常に重要な意味があると思います。

歎異抄は無記名

さて、ところで、私が話してまいりました魅力であり、秘密であると言ってもいいような歎異抄の特色というのはいったいどうして出てきたんでしょうか。尋常一様のことからは出てきそうもない特色だと言っていいと思います。

エピクテタス（Epiktetos）
――55-135頃。古代ローマのストア派の哲学者。はじめは奴隷の身であったが、のちにネロ帝により解放され、実践主義哲学を説いた。弟子の編集した『語録』がある。
阿含経（あごんきょう）
――原始仏教の経典。釈尊が実際に語ったとされる言葉を数多く含む。

その特色を、私は二つの点で押さえておくことができると思うんです。

ひとつは、歎異抄の作者、あるいは歎異抄の編者と言ったほうがいいんでしょうか、とにかく歎異抄を世に出した人自身が名前を名乗っていないということであります。いわゆる作者の署名のない書物であるということです。このことは歎異抄を読むうえにおきまして非常に重要なことだと私は思いますし、今まであれやこれやと申しました特色を了解するうえにも重要なことだと思います。

たしかに、それは歎異抄に限ったことではなく、古典といわれているものには誰が書いたのかわからない書物はいくらでもあります。和歌などで読み人知らずのものがたくさんあることはご承知のとおりだと思います。そういう意味では、署名がないというだけの話ならば、それほどびっくりすることじゃないんですよ。ましてや六百年も歴史の地下に埋められていたものに署名がないというのは、むしろ当然だと言ってもかまわないかもしれません。しかしそれだけじゃなくて、歎異抄の場合には、その無記名ということのもっている積極的な意味があると思います。

それは何かと申しますと、徹底して歎異抄は「聞き書き」であるということなんです。聞き書きだということは、正確な文字の意味における「宗教」の書であるということなんです。

宗教という言葉はもちろん仏教の古い経典の中にも出てまいりますけれども、今日私たちが使っておりますと宗教という言葉は、どちらかと言うと、日本古来の言葉というよりも、明治に西洋の、なかんずくキリスト教が入ってまいりました時に、キリスト教の翻訳用語として探し出した言葉だと言っていいと思います。ところが、キリスト教を中心とする西洋の「レリジョン」（religion）という言葉に代表されます内容は、「宗教」という翻訳語になるような直訳には決してならないものなのです。非常に素朴に申しまして、神と私との関係を語るものですから、それを宗教という言葉で押さえたということよりも、キリスト教が入って来たということを媒介として、宗教という言葉が日本人の中に生まれたということが、私は非常に大切なことだと思います。なぜかと申しますと、「宗」という字は要《かなめ》を明らかにする教えという意味、宗教の根本的な意味だというふうに日本人が押さえたわけですね。何の要かというと、人間として生きていく要。それを教えるものが宗教であると。ですからその一点から見直すならば、人間として生きることの要を教えないならば、「宗教」という名で語られてもそれはニセモノだという峻別のできる言葉をもって押さえたということなんですね。

私の先生であり、先程からご紹介申しております岩波文庫『歎異抄』の校訂者である金子大栄先生が、宗教についてこういうことを言っておられます。

「宗教とは、人生を尽くしても悔ゆることのない、ただ一句のことばとの出会いである」。

私は、いろいろな宗教についての定義を聞いてまいりましたけれども、この言葉ほど宗教という事柄の具体性を言い当てている言葉はそれほど多くないんじゃないかと思います。言葉によって生き、言葉によって傷付き、言葉によって悩む、そういう人間にとって、そのただ一言を聞くだけで、全生活が「後悔なし」と言えるような人生に変革されていく。言うならば、人間という存在のどのような在り方をも、その一言に出会うことによって、十分に自己の中で充足し得る人生であると納得できるような人間に変革する。そういうただ一句の言葉と出会うということが宗教という事柄なんだと、金子先生は言っておられます。

ということは、表現を変えて申しますと、歎異抄が聞き書きに徹しているということは、ただ一句の言葉のもとに歎異抄を書いた人自身が、自分の名前が人間の歴史の表面から完全に消え去っても後悔がないという人生を生き抜いた人だということなんですね。

虎は死して皮を残す、人は死して名を残すと言いますから、だいたい人間っていうものは死んでも名前を残したいんですよ。ところが、死んでも名前を残したいということは、生きているうちも死んでからも内容はどうであれ、名前だけでも残ってほしいという、まあ言ってみれば見栄の典型でしょう。その見栄から解放されたということなんです。

名前すら残らない。誰がこれを書いたんだろうかと考えさせることさえなくなってしまう。ただ、こういう言葉だけが生きて働いている。どういう苦しみの中にある人々にも、どういう悩みの中に生きている人々にも、言葉だけが生きて働いている。そう言える人は、明らかにその言葉の下《もと》に名を残す必要もないほど、充足した人生を生きた人に違いないんですね。そういう意味で私は、徹底した聞き書きであることが、したがってそれが徹底した宗教の書だと言い切れると思います。

自ら名付ける

ところが、もうひとつの特徴があるんです。

それは、無記名ではありますけれども、誰も外から説明をする必要がないほど、明瞭に自ら書物の題名を付けておられることです。それが『歎異抄』という名前ですね。

「異なりを歎《なげ》くの抄」という名前。これは、なんでもないことのようですけれど、宗教というひとつの事柄に限定しないで考えていただいてもわかると思いますけれども、異なりを歎くということは、人間には決して容易にできることではありません。できないことだと言ったほうが間違いがないいんじゃないかと思います。異なりに対して「お前、違うじゃないか」と言って厳しく排斥《はいせき》することはいくらでもできます。その排斥する時の気持ちの中には、時には憎悪があり、時には冷たさがあり、言うならば人間の心がそこでは遮断されているかもわかりませんね。でなければ、排斥ということは成り立たないかもしれません。そういう意味では異なりを見つけた時、それを徹底して排斥しようとしたならば、人間の生き合いの心というものをどこかで捨てなくちゃならない、そこまで行くんだろうと思います。そうでないとすると、異なりを見ていても、妥協をする以外方法はないと思います。「私とは違うけれども、人間の生き合いの中では仕方がないんじゃないか」とひとこと言った時には、もはや異なりを知りながら目をつむるということです。ですからそういう意味では、異なりを排斥する排異ができない時は、妥協になります。異なるという事実を前にしてそれを切って捨てるということにおいて、人間性あるいは人間としての生き合いの心を自ら放棄するか、あるいは、人間性を大切にするよりも人間の惰性のような馴れ合いの中にじつは物事を曖昧にしていく。「排異」か「妥協」か、この二つしかないことが、人間の関係の中での問題じゃないかと思うんですね。

そういう事実の中で、この書物を書いた無記名の人は、はっきり「歎異抄」と言いました。異なりを歎くと言ったわけです。歎くということはいったいどういうことかと言ったら、異なる相手が向こう側にいないということです。ひとりの人が過ちを犯したとするならば、その過ちの痛みは過ちを見た人の心に響いてくる。言うなれば、痛みがお互いに生き合っているということを確かめ合えるほどに受肉化しているということですね。だから、そういう意味では、異なりを異なりとしてはっきり見ておりながら、異なるということについて歎くという限りにおいて、深い悲しみがあるわけです。悲しみをもって、異なりを異なりとして指摘していく。

私はこれが、人間の現実の中でもっとも人間らしい世界を作っていく元だと思いますね。異なりを排斥するだけでは、人間の世界は作れない。異なりと妥協するのでは、人間の世界は退落していく。人間の世界を人間の世界として豊かに成就するには、異なりを異なりとしてじっと見つめる目と、同時に、見つめる目を通してお互いに異なるということのもっている本質において、深い悲しみをもち、痛みをもつ。こういうことを書物の題にしたわけですね。そして「異なりを歎くの抄」と、こう言ったんです。

このことにつきましては、歎異抄の一番最初の序文に、

竊《ひそ》かに愚案《ぐあん》を回《めぐ》らして、粗《ほぼ》古今《ここん》を勘《かんが》うるに、先師《せんし》の口伝《くでん》の真信《しんしん》に異《こと》なることを歎《なげ》き、後《こう》学相続《がくそうぞく》の疑惑《ぎわく》有《あ》ることを思《おも》うに

（歎異抄　序文　原文は漢文）

少しとんで、

故親鸞聖人御物語《こしんらんしょうにんおんものがたり》の趣《おもむき》、耳《みみ》の底《そこ》に留《とど》まる所《ところ》、聊《いささ》か之《これ》を注《しる》す。偏《ひとえ》に同心《どうしん》行者《ぎょうじゃ》の不審《ふしん》を散《さん》ぜんが為《ため》なりと云々

（同右）

と、こういうふうに書いてあります。これが歎異抄を書こうとする作者の気持ちでしょう。

私流に勝手に現代語訳させてもらいますと、「極めて私的な愚かな考えを思い巡らせて、親鸞聖人のこの世においでになった頃と今日の状況とを考えてみます時に、今日の状況は、親鸞

歎異抄　序文→目次扉を参照

聖人がお口を通して語りかけてくださった、真実の信心とはまったく違ったことが信心としてうなずかれ、信心として理解されているということがあります。このことは本当に、悲しいことであります。そしてそのことは、やがてそのまま、これから後に親鸞聖人の教えを学んでいこうという人々の中で、必ず疑いや惑《まど》いを起こしていくに違いないと私には思えてなりません」。こういうこと言っておられるんですね。

そしてそういうことを受けまして、「だからこの私は、親鸞聖人の教えによって、はじめて人間にさせてもらった人間であるからして、亡くなっていかれた親鸞聖人のおっしゃったことで、耳の底に留まっていて消そうにも消すことのできない、いつでも命と共に聞こえてくる言葉をここに書き記しておこうと思うのです。それはひとえに、同じ親鸞聖人の教えのもとに生きていく友だちの間に、いろんな不信が起こってこないようにと願うから以外の何ものでもありません」。こういうふうに言っているんですね。ここに、深い悲しみがありますね。と同時に、なんとか本当の道に立ち直って欲しいという願いがあります。

あるいはもうひとつ、歎異抄のおしまいのところに、

古親鸞《こしんらん》のおおせごとそうらいしおもむき、百分が一《ひとつ》、かたはしばかりをも、おもいいでまいらせて、かきつけそうろうなり。かなしきかなや、さいわいに念仏しながら、直《じき》に報土にうまれずして、辺地《へんじ》にやどをとらんこと。一室の行者のなかに、信心ことなるこ

となからんために、なくなくふでをそめてこれをしるす。なづけて『歎異抄《たんにしょう》』というべし。外見《げけん》あるべからず。　（歎異抄　跋文）

こう書いてあります。たしかに「なづけて『歎異抄』というべし」と言うんですから、これは『歎異抄』以外の名前を付けてはいけないと言っているんですね。

「ここに書いてありますことも、亡くなっていかれた親鸞聖人がおっしゃってくださいました、いろいろなお言葉の中で百分の一ほどでありますけれども、私の心の中に残っていることを書き付けておいたのであります」。こう言って、「悲しいことであるけれども、幸いに親鸞聖人の教えに遇うて、念仏をする友だちになったにも拘らず、念仏によって開かれる世界に生まれることができなくて、自分勝手な思いの中に閉じこもってしまっていく人々が多くいます。そういう人々の信心が異なっていく姿が、一日でも早く、本当の信心の世界に立ち返ってほしいと思うから、泣く泣く筆をそめたのであります。だから、この書物は『歎異抄』というのであります。ですから、この書物は人様に自慢げに見せびらかすような性格の書物ではございません。この書物は、お互いに自らをうちに顧みながら、お互いの心の中に正しい信心の世界を開いていこうと願う書物であります」ということで、「外見あるべからず」と書いてあるわけですね。

一番最初の言葉と最後の言葉だけを見ましても、歎異抄という書物のもっている基本の性格は、排異でもなければ妥協でもない、歎異である。その歎異であるというところに、単に一宗教の問題ということではなくして、本当に人間が人間らしく生き合うということのためには、この歎異抄が語りかけてくれるような世界が私たちの具体的な日常の生活の中に復活してこない限り、私たちの生活は非人間化していくに違いない。こういうことを身をもって感じ取ったのが近代人であり、身をもって感じながら歎異抄に耳を傾けているのが現代人であるのです。

歎異抄が六百年歴史の地下に埋められていて、日本近代のはじめに発掘されて今日に至るまで、ますます多くの現代人に読まれているということは、むしろ当然すぎるほど当然だということが言えると思います。なぜならば、今日ほど人間が不明になっている時代はございません。そして今日ほど、人間が何によって生きるのか、そして何をもって人間と言えるのかということがわからなくなっている時代もございません。その時、その依《よ》って生きるべき根拠、それを諄々《じゅんじゅん》と語りかけてくる歎異抄の語りかけは、文字どおり「現代の心の書」であると言い切って間違いがないいんじゃないいんだろうかと、こんなことを思うわけであります。

第2回講座

ただ一つの信心

前回は歎異抄の「その語りかけの今日性」と題し、私自身のいろんな雑感を交えながらお話をしたわけであります。

申し上げたかったのは、歎異抄は一冊の、字数にいたしまして一万五千字くらいの極めて小さな小冊子と言っていいと思います。しかも時代で申しますと、七百年という年月を経ております。歎異抄というういわゆる宗教書でありますから、そのバックには当然、一般の方々に読ませるべく努力をするはずの宗教集団があるわけでありますから、その宗教集団が歎異抄を公開していくために努力をしたのかというと、逆でありました。むしろ歎異抄を隠してきた、歎異抄を一般に公開しないようにしてきた、というところに、親鸞聖人を開祖と呼んでおります宗教集団のひとつの性格があるんじゃないかと思います。

ところが、明治という日本の近代に入って、そういう非常に特異な性格をもっているその書物が、近代人の手で発掘をされたのです。その時から今日まで、じつに驚くほどの勢いで近代人・現代人に読まれていった。その人々は決して親鸞の教えを信奉することを自分の生き方にしているとは限っていない人たちです。いわゆる、それぞれの物の考え方をもち、あるいはそれぞれのお立場をもち、時によりますと宗教のうえで仏教でない他の諸宗教に所属をしておいでになる方もある。あるいは仏教でありましても、親鸞の教えとは異なる祖師の教えのもとで仏教を学んだり、仏教に対するうなずきをもっておられる人々です。そういういかなる人たちも歎異抄に触れると、歎異抄との会話がいつでも今日的に始まる、という性格をこの書物はもっていると言えるでしょう。

そのことは極めて特異なことでありまして、その歎異抄のもっているそういう特異性とでも申しますか、あるいはいつでも今日的な会話を今日の人間と交わすことのできる力の源泉、魅力の秘密の鍵はいったいどこにあるんだろうか……。そのようなことを念頭において、あれやこれやと心に浮かんでまいりますことを織りまぜてお話をしたわけであります。

信心異なることを歎く

では、今回の主題と申しますか、私なりに、こんなことをお話ししてみたいというものがございますので、それに添って進めてまいりたいと思います。

非常に大胆なことですが、一足飛びに歎異抄が主題としている事柄の中へ飛び込んでみようかと思います。

もちろん歎異抄の周辺を散歩してもいいような気もいたしますけれども、先回お話しした続きをどこまでやっても、切りがございません。またそんな気持ちになりましたら、その時にはまた散歩させていただくということで、今回は思い切って一足飛びに、歎異抄が主題としている事柄に触れてみたいと、こんな気持ちで今日は出てまいりました。

今回の小さなテーマは「ただ一つの信心」です。こういう言葉のもとでお話をしていきたいと思っております。

先回も申しましたけれども、歎異抄という書物そのものがどういう性格のものであり、したがって歎異抄は何を明らかにする書物なのかということは、私たちが決してとやかく詮索する必要がないほど明瞭に、歎異抄自体が語っています。

古親鸞《こしんらん》のおおせごとそうらいしおもむき、百分が一《ひとつ》、かたはしばかりをも、おもいいでまいらせて、かきつけそうろうなり。かなしきかなや、さいわいに念仏しながら、直《じき》に報土にうまれずして、辺地《へんじ》にやどをとらんこと。一室の行者のなかに、信心ことなることなからんために、なくなくふでをそめてこれをしるす。なづけて『歎異抄《たんにしょう》』というべし。外見《げけん》あるべからず。　（歎異抄　跋文）

これが歎異抄の結びの言葉であります。そこにはっきり、歎異抄の作者は言っているわけです。

簡単に申しますと、「親鸞聖人の教えのもとに道を求めていく、そういうお仲間の中に信心が異なっていくということがないようにという思いをこめて、泣く泣く筆をそめて、この一冊の書物をしるしたのである。だからこの書物はあえて、名付けて歎異抄という名前で呼ぶことにしたい。しかし、この歎異抄は、人様に自慢するようにお見せする事柄が書いてあるのではない。でき得ることならばお互いにたずねあい、確かめ合うことであり、人様の目に触れるような派手やかな書物とは性格が違います」と、だいたいこんなように記《しる》されているわけですね。

これでもわかりますように、「なづけて『歎異抄』というべし。外見あるべからず」というんですから、この書物は歎異抄という名前以外の名称で呼ぶことはできないんだと、はっきり言い切るわけです。しかもその書き方が、「なくなくふでをそめてこれをしるす。なづけて『歎異抄』というべし」。何でもなく見ておりますと、ことさらどうということもない気がいたしますけれども、何回かこの言葉を読み返しておりますと、少々感傷的すぎやしないかというような感じもふといたします。あるいは、もう少し違う角度から申しますと、少々物事をオーバーに言い過ぎているのじゃないかな、というような気がしないとも限らないですね。

ところが、歎異抄の作者ははっきり『歎異抄』とこの書物を呼ぶためには、「なくなくふでをそめ」なくてはならなかったんだということを、どうしてもここに書かなくてはおれなかったわけです。しかも、その泣く泣く筆をそめなくてはならなかった内容は、「歎異」という異なりに対する歎きであります。その異なりの内容は何であるかというと、「信心ことなることなからんため」。信心が違っていくというようなことが起こらないように、そういう思いの中でこの書物が書かれているのです。

今回お話をいたします主題は「ただ一つの信心」というふうに立てましたけれども、まさにその「信心ことなる」ということが歎かれている書物、それが歎異抄なのです。

信心が異なるというその信心について、いわゆる歎異抄という書物を書こうとする作者の心情、そして願い、ある意味では覚悟と言ってもいいことが記されております。

それについては、信心が異なるということについて、わざわざ、

先師《せんし》の口伝《くでん》の真信《しんしん》に異《こと》なることを歎《なげ》き　（歎異抄　序文　原文は漢文）

という言い方をしておられます。つまり、ただ信心に異なるというだけでは十分でないのでありまして、歎異抄の作者自身の言葉で押さえていきますと、その信心というのはどういうことなのかといったら、「先師」ですから今は亡き親鸞聖人ということですね。「口伝」ですからお口を通して教えられたということですね。しかも「真信」と、真実という字と信心という字を重ねておりますから、真の信心です。信心が異なるということについて、わざわざ歎異抄の作者は、先師の、口伝の、真実の、と三つの要素を押さえて、そして信心が異なるという内容にしているわけですね。

「一般的に信心といわれる事柄について一般論的にそのことをとやかく言おうというのではないのだ。あくまでも、この歎異抄で主題にして明らかにしていかなくてはならない、泣く泣く筆をそめなければならない、しかも歎異抄と名乗らなくてはならないこういう書物を書くのは、親鸞聖人が自らのお口を通して教えてくださった真の信心と異なっていくことについて深

歎異抄　序文→目次扉を参照

い歎きをもって、これだけの書物を書かなくてはおれなかったのである」と、こういうふうに言っておられるんですね。

人間の主体性を奪う

ここでちょっと話の鋒先《ほこさき》を変えまして、少し皆様方もご一緒にお考えいただきたいことがあります。

それは、「先師の口伝の真実の信心に異なる……」というところですが、「真の信心」ということでいいんですけれども、もしその言葉を私が勝手に「先師の口伝に異なることを歎き」と、こういうふうに言い直してみるといたします。一言で申しますと「今は亡き師匠の教えに異なることを歎く」と。そうするとそこからどんなことが考えられるでしょうか。当然、今は亡きお師匠様の教えに異なる人々について歎異と言おうが、どう申しましょうが、やはり一つの批判をもつわけです。「親鸞聖人はこう言った。そう言った親鸞聖人の教えにあんたの信心の在り方は違っているじゃないか」と。こういう物の言い方をしていくといたしますとね、それは、否応なしに、教えの権威をもって人々に事柄を押し付けていく教権主義になっていくのです。違う側面から申しますと、人格崇拝とでも申しましょうか。「親鸞聖人という方は偉い方だったんだ、だから親鸞聖人を尊敬し、親鸞聖人を崇めなくてはいけません」ということにもなっていくわけですね。これは極端に申しますと、もしそういう発言がこの歎異抄の中にあるといたしますと、それは近代・現代にも歎異抄が読まれているという状況も併せて考えた時に、当然そこから出てくるものは、思想の自由を奪うということになるに違いないと思います。そして、それがかなり暴力的な圧力にならないとは限らないわけですね。

ところが、もう少し違う言葉に変えてみます。「先師の信心に異なることを歎き」と、こう言ったらどうなりましょうか。亡き親鸞聖人の信心と違うと。こういうふうな内容として人々を批判するということになったら、事柄としては「ごもっとも」というような感じもいたします。けれども、この言葉を自分の中で反復をしてみますと、自ずとそこから生まれてくる事実というのは、おそらく一人ひとりの人間の自主性とか主体性とか自立性というものが奪われていくということになりやしないでしょうか。

「先師の口伝の真実の信心に異なる」と、丁寧にこう歎異抄は書いているのに、なぜ私がことさらに皆様方と一緒に、このような言葉の抜き差しをしながら確かめてみようという気になったのかと申しますと、今私が先に申しました「先師の口伝に異なる」という言い方、それとその次に申しました「先師の信心に異なる」というこの言い方が、案外にして、宗教とか信仰とか、または宗教・信仰によって成立をしている人間の集団である宗教集団や教団と言われておりますものが、かなり色濃い形で、今の二つの言葉のもっている要素へ変質化していくということが決してないとは言えない気がするわけであります。だから、わざわざ私は妙なことをしてみたわけです。こんなことを考えながら、皆様方も、宗教とか信仰とかあるいは宗教集団ということについて、ふと念頭に何ごとかを思い浮かべてみていただくといいと思います。

例えば宗教集団という言葉で申しますと、宗教集団はたしかに信仰を共にする人々の共同体であると言うことはできると思います。そしてそれは間違いでないと思います。けれども、信仰を同じくする者の共同体だと言っているその内容をきちっと確かめてみますと、先程私が申しましたように「先師の口伝に異なる」という批判、あるいは「先師の信心と違う」という批判を内容としているものに変質化しているということが、ないとは言えないような気がいたしますね。

そうなりますと、宗教とか信仰とかいう名の下《もと》で、人間の本来的な自由性というものが奪われていくんじゃないだろうかと、私には気になるんです。私自身、親鸞の教えを聞くことを意識して生活をしている人間でありますから、当然、宗教という事柄についてかなり神経質に気配りもいたしますし、私自身に起こってくる心情についても、できる限り注意深く確かめていこうといたします。そうすればするほど宗教とか信仰とか、宗教集団と呼ばれる人間の集いが、いつの間にか信仰を同じくする人々の集いであるという非常に美しい言葉・事柄として讃えられてしかるべきものであるにも拘らず、内容は具体的には人間の本来的な自由性を奪うことになっているということが、何か非常に怖いこととして思い起こされてくるわけであります。

人間というものは、ことさら申すまでもございませんけれども、各人が各様の姿をもって生きているというのが具体的な生き方であります。十把《じっぱ》一絡《ひとから》げに「人間」という生き方をすることはできないんですね。本当に千差万別なんですね。私というひとりの人間の一生を見ましても、じつに千差万別であるわけです。昨日の私と今日の私とは一緒かというと、まったく違うと言ってもいいという要因さえあるわけです。そしてその要因は必ずしも私が作ったというわけではない。周辺のいろんな状況の中で、私自身が変わっていくということがあります。

例えば私というひとりの人間が、ふと自分の歩いてまいりました過去を振り返ってみますと、物を考えるということについて大きく三転させられたという経験があるのです。

そのひとつは戦争の末期頃に、一番物を考える青年期を送っていたわけですが、その頃にはいろいろな悩みももちました。個人的な悩みももちましたけれども、国家とか、あるいは平和とかを考える時に、戦争ということを通して考えなくてはならなかったのです。ある意味では、戦争に駆り出されて戦争に勝つということ、そのことが国家を安定せしめ、そして平和を守っていく道であると教えられもし、そのことに疑問をもちながらもそういう流れの中にずーっと押されてきておりました。

ところが、私は今の中国で終戦を迎えたわけであります。それから、シベリアへ送られまして、四年間の抑留生活を送ってまいりました。そこでは、ただ強制労働を強いられていたというだけではなくて、四年間の生活の中でひとつの洗脳を受けていたわけですね。思想洗脳を受けておったわけです。そして自分がそれまでやってきたこと、あるいは自分がそれまでそれほど深く疑問をもたなかったことも全部が悪である、という物の見方を教えられたわけなんです。ですから、かつては誉められるべき行為が、たった一ヵ月か二ヵ月の後にはもっとも憎まれるべき行為として考えざるを得なくなったわけです。それは私にとって本当に大きな転換を強いられたことであります。それは私一人じゃなく、おそらく同じような経験をした多くの人たちが、そのような実感をもっていると思います。そういう、ほんの数ヵ月前までは正しいと言われておったことが、数ヵ月経ってみたら不正だ、不正の極まりだと、こう考えるべきであるというふうに物の考え方を変えさせられたわけです。

人間っていうのは厄介なものでして、どうも少し変だなと思いながらも、そうなんだと思い込もうとするわけですね。四年の抑留生活を終わって日本へ帰ってまいりましたら、今度は、私が兵隊にとられる前の故郷・日本とはまったく違う日本が待っていたわけです。まったく違う日本が、私を迎え入れるのに、今度はかつての日本の物の考え方では迎え入れてくれなかったのです。と同時に、シベリアで教え込まれた物の考え方でも迎え入れてくれなかったのです。いわゆるまったく違う形の自由主義と申しますか、民主主義と申しますか、そういう物の考え方の中で生きるように、無言の要請をする形で迎え入れられたわけですね。

その四～五年の青年期に私は、ある時期にはこれが正しい、その次の時期にはそれがまったく不正だと、その次の時期には違う視点から、前に不正だと言ったことももう一度問い直さなくちゃいけない、という物の考え方の渦中に置かれたわけですね。このことを思い出しますと、人間っていうのは、ひとりの人間の一生にいたしましても、同じであるということはないのです。本当にそういう意味で千差万別で生きているということが、生きているということの具体性なんですね。

ところが、もし宗教とか信仰とか、あるいはそのもとに成立しております宗教集団といわれるものが、「先師の口伝に異なる」あるいは「先師の信心に異なる」というような性格の物の言い方のもとに批判をするというような働きをしたといたしますと、途端にそこでその人間の格別性、千差万別であることの具体性というものは奪われてしまいます。そしていつの間にか、人間は平均化された、極めて主体性のない、具体的に申しますとある意味では非人間化された群集に変えられてしまう、ということがあるように私は思うのです。

不安の中に置く宗教

こう考えてみますと、信心とか信仰とか宗教とか、あるいは宗教集団というものは、全面的に確かめをしないでいいというわけにはいかない、そういう部分がかなりあると考える必要があるんじゃないでしょうか。

そう考えますと、背筋に冷水を浴びせられるような気がするほど恐ろしいことが、そこにはあります。それは、宗教とか信仰とか宗教集団というものが、ある意味で人間にとりまして、人間の千差万別の在り方や具体性を平均化するということで、もっとも残酷な差別体制を作っていく働きにさえ転用されていくという危険性をもっているということです。なぜかと申しますと、大雑把な物の言い方で恐縮ですけれど、人間がなんらかの意味で道を求めるとか、信仰するといった時の心情の底には、苦しみとか悩みとかの問題を抱えていて、そういうものの解決を信仰に求めるわけでしょう。といたしますと、求めていくその人たちに向かって「教えと違う」あるいは「信仰が違う」という言葉が、表現は異なるといたしましても繰り返し語られてくることによって、その人たちはもういわれのない差別の中へ身を置かされていく、ということがあるように私は思うのです。

そしてもうひとつ、極端に申してしまいますけれど、宗教集団というものは必ずしもきれいでないということを、お互いに知っておきたいと思います。それは何かと言いますと、宗教集団というのはある意味で、時によると恐怖の集団になる恐れがあるのです。なぜそうなるのかと申しますと、じつは教団が信仰や宗教ということを旗頭にしながら物を言う時の表の表現と、裏の表現があるからなのです。

どういうことかと申しますと、例えば、お医者さんも手放すような不治の病にかかったといたします。しかし人間は、たとえお医者さんが手を放しましても治りたいし、生きたいという願望を棄てることはできないんですね。その時、宗教という名で何事か囁《ささや》いてくる。囁き方の表の表現は、「何々を信仰しなさい。病気は治りますよ」となるでしょう。これが表の表現ですね。たしかに、そのお医者様さえ手放した病人にとっては藁《わら》をもつかむような思いですがりつかざるを得ないような言葉です。しかし、同時にその表の表現には裏があります。どういう裏かと言ったら、「よく信じなさい」。これは正しいことのようですけれども、その人にとっては非常に大変なことですよ。どこに「よく」という基準があるのか、どこに完璧という基準があるのか、基準を示していないわけですから。「あなたの病気がまだ治らないのは、十分に信仰が行き届いていないからだ。ほんとうによく信じていないからなんだ。もっと真剣に信じなさい」と。もしこういう一言が語られるといたしますと、これが裏の表現でしょう。

極端に申してしまいますと、宗教もしくは宗教集団というものは、人間に本当の安心を与えることを使命としているものであり、使命としている機構であるにも拘らず、下手をいたしますとそれが逆に、人間を不安の中に置くことにおいて、宗教もしくは宗教集団の保身が計られるということになるのです。もっと極端に申しますと、人間を安心させるのが宗教なのか、それとも人間を不安の中に置くのが宗教なのか、という重大な問題もはらんでいるのです。私はどうしてもこのことを、いっぺん考えておかないと、歎異抄という書物を書かれた作者の心情の深みに私たちが触れることができないような気がするのです。

信心の変質を歎く

歎異抄の歎異という言葉は、いわゆる異なりを歎くということであります。言葉としてはよくわかる言葉ですけれども、人間の在り方としては決してそう簡単に、異なりを歎くという立場に自己を置くことはできません。ひょっとすると、人間の力では不可能だと言ったほうが正確かもわからないということですね。

なぜかと申しますと、人間は必ず相対的に生きておりますから、他の人々との関係のなかで、何ごとか異なりを見た時、その異なりに対して批判をいたします。その時、批判をする心情の中には温かさはありません。冷酷さだけがあります。反対に、他の人々の中にある異なりを見て、それについて批判をすることができなくなりますと、今度は妥協をしていきます。言わば、仲間意識の中で「まあまあ」ということで、見て見ない振りをすることになります。すると、人間にできることというのは、批判という形の冷たさか、妥協という形の安易さか、この二つにしか身を置けないことになります。

こうした時に私は、「歎異抄」とわざわざ歎異という言葉を使ったのは、宗教集団・宗教信仰と言われていることの本質が明瞭に徹底してえぐり出されない限り、決して人間を安んぜしめる働きをするという約束をとりつけることはできないという問題を歎異抄という書物が自らもち、そしてその問題を真正面から明らかにしていこうとして語りかけてくる言葉だからなんだと思うわけであります。

さてそこから、親鸞聖人の教えてくださった真実の信心に異なることを歎くといわれる、真実の信心というのはいったい何なのか。それをお話しすれば、今の問題を解いていく糸口ぐらいはお話しできるんじゃないかと思います。

私があえて、一度そういうことをご一緒にお考えいただこうと思いましたのは、じつは歎異抄という書物は、それ自体が基本的に何をどのように明らかにしようとする性格の書物なのか、ということをもういっぺん念を押したかったからであります。

なぜ、私がそんなことをわざわざしたのかと申しますと、歎異抄という書物は、真実の信心といわれることの変質化、つまりその真実の信心に異なることによって起こる教団の非教団化、非宗教性ということを徹底して批判していくことによって、親鸞聖人が語ってくださった真の信心へ共に帰ろうじゃないかと、こう呼び掛けているのが歎異抄のもっている基本性格だからなんですね。

「歎異」している内容となっている事柄は、決して今から七百年前の歎異抄の作者が生きていた頃の、ある特定の宗教集団に起こったことというわけではありません。宗教とか信仰とか宗教集団とか言われている人間の歴史のうえにその足跡を残しつつ、今日も、やがて将来も続いていくであろう事柄全体を貫いて、その本質において過ちを犯すと、それは人間を救い安んぜしめるはずの信仰が、逆に人間を恐怖や不安の中に追い込んでいくことになる。それでは宗教そのものの本来の役割を果たしておらないということになる。信仰という名の、じつは人間にとってもっとも忌むべき事柄がそこでは作用していることになる。それは決してある特定の時代のある特定の宗教の問題ではなくして、いつでも私たちに関わってまいります宗教の中で、私たちが問い正していきつつ、真実の宗教を明瞭にしていかなくては、自他ともに人間の根本問題を見誤るということになるのであります。歎異抄の作者が異なりを歎くと言ったのは、じつはそういう問題を、文字どおり人間の問題として捉えたからなのです。

ある特定の宗教の問題、あるいはある特定の宗教集団の問題として捉えたのではなくして、宗教、信仰、教団と呼ばれる事柄が、本当に人間の問題として作用しない時には、人間そのものを誤らせることに対して、人間としての深い悲しみを通して、その根をはっきり浮き彫りにしてただしていきたいと願ったからこそ歎異抄の作者は、私が抜き取るようにして語った表現ではなくて、一つひとつ丁寧に「先師の口伝の真実の信心」と、信心を「先師の、口伝の、真実の」という三つの要素で押さえました。そしてその信心に異なることを歎くのであって、そのことをはっきり押さえておかないと、信心という名のまったく質の違う事柄が、あたかも信心であるかの如く思い誤られていくということがあると考えたのです。

ここで、まず最初に私たちが確かめておきたいことは何であるかというと、歎異抄はあくまでも信心の異なりを歎く書でありますけれども、つまり信心という名において人間の本来のあるべき姿が疎外され、あるいは否定されていくような、そういう似て非なる信と言われる事柄について批判をしていこう――批判と申しましても人間の問題として批判するのでありますから、それを歎異という悲歎、悲しみをもって歎くという言葉で示していこうとなさっているんだということであります。

あくまでも歎異抄はやはり異なりを歎くということです。何の異なりかと言ったら、信心の異なることを歎くということでありますけれども、そのことについて歎異抄の末尾のほうに少々長い文章があります。今、読むことは差し控えますが、むしろ皆様方にはお家でお読みいただければ結構だと思いますし、あるいは既にご存知であれば、なお結構だと思います。

右条々はみなもって信心のことなるよりおこりそうろうか。（歎異抄　跋文冒頭）

こういう言葉で始まる一文がありますね。歎異抄という書物全体の組織をお話ししないとわかりにくいかもしれませんけれど、「右条々」というのは、親鸞聖人のお言葉として歎異抄の作者が耳の底に留めていた、そのお言葉をまず最初に十ヵ条のお言葉としてあげておいでになる。そしてその後に八ヵ条の事柄として、親鸞聖人の明らかにしてくださった真実の信心とは異なった信心という名の事柄のもとに人間が集《つど》っていく宗教集団の過ちというものを、一つひとつただしていくという書き方がされているわけです。

いわば教団における過ち・教団の非宗教化、あるいは教団が誤っているその姿・過ちの在り方、そういうものを八ヵ条あげて条々の一つひとつを押さえてみると、「先師の口伝の真実の信心」に異なって人間が集っていくとこういうとんでもないことが起こってくるんだ、となるわけです。それを受けて、そういうことが起こるのは、結局すべては「信心の異なる」ということが原因となって起こるのではないか、と押さえるんですね。

さて、歎異抄の作者は、親鸞聖人が師匠である法然上人のもとで学んでおられた頃の事柄を

法然（ほうねん）
――1133-1212。浄土宗の開祖。諱は源空。美作の人。比叡山で天台宗の僧となったが、43歳のとき専修念仏に帰し浄土宗を開く。のちに讃岐に流されたが、入滅の1年前（1211年）に許され帰洛した。主著は『選択本願念仏集』（選択集と略称）。

「ここで親鸞聖人はこういうことをおっしゃいました」という形でボーンと書き出します。私はこれが歎異抄という書物の非常に苦労をしているところだと思います。言うならば、信心が異なるということを明らかにしようとする時に、歎異抄の作者は、作者自身の言葉でどれほど、百万回語りましても語り切れないということをよく知っているのです。では、どういう方法で語るのが一番いいのかと言ったら、それは親鸞聖人が言ったことを持ち出すことなんですね。しかも、非常に具体的にお話しになった事柄を持ってきて、それによって語らしめる。このことが一番効果的、積極的であるわけです。だから、ここでは、

故聖人《こしょうにん》の御ものがたりに　　（歎異抄　跋文）

と書いて、今は亡き親鸞聖人が時折お話しくださったことの中にこんなお話がありましたという形で、ひとつのエピソードを出してくるわけであります。その、ひとつの親鸞聖人の物語というものを通して、信心が異なるということはどういうことなのかを非常に明瞭に教えてくれるわけであります。それが、見事な問題の提起になっていくわけであります。

親鸞は私事を語らず

ご承知でありましょうけれども、親鸞聖人という方は九十年、あの動乱の時代を生きた方で

あります。けれども、私事についてはまったくと言っていいほど書き記しておりませんし、語ることもほとんどなかったであろうと思うんです。なぜなかったと私が言い得るかと申しますと、直門《じきもん》の門弟たちの中から、親鸞聖人の伝記というものは生まれていないからなんですよ。親鸞は門弟とは呼ばずに「同朋《どうぼう》」と言いましたけれども、しかし親鸞を慕う人々はやはり親鸞を師と仰いでいたに違いありません。だから門弟と言っていいでしょう。

じゃあ、何も言わなかったのかというと、そうでもないだろうと思うんですね。やはり、何か時々は言ったでしょう。でも言った言葉が、親鸞聖人が亡くなった後で、親鸞をひとつの偶像として受け止めて伝記を作ろうという意識をもたせるように作用をしなかったということですね。私はこれを驚くべきことだと思います。

私自身、自分の経験でも数人、この方にお会いしなかったならばおそらく本当に今の自分がないだろうと思うような先生との出会いというものがあるわけであります。その先生方が亡くなっていかれますと、先生方がお書きになったものとか、あるいはお話しになった物を選集にして刊行するというような仕事をすぐ思い付きますね。それと同時に思い付くのは何かといったら、この先生はいつ生まれて、どんなことをして、どんな経験をして、どんなことに出会って、それでどんなふうになったのかということを、必ず付録のように書かないと満足しないのです。それは人情と言えば人情ですけれど、案外その人情というのが危ないものでありまして、人情がどんどん強くなりますと、いつの間にか、その先生を偶像にしてしまうということも起こるのです。そして、その先生の言葉が尊いのか、それともそういう遍歴をくぐってきた人間の言葉だから尊いのか、そのへんのけじめが付かなくなるんです。

ところで親鸞聖人の直門のお弟子筋にも、こんな見事な歎異抄を書いている人がおられるんですから、決して無学の人ばかりではなかったわけです。けれども一人として、親鸞聖人の過去を記録しようと思い立った人がいないんですね。ですから、日本が近代に入って歴史研究という学問が盛んになってまいりました頃に、親鸞という人物は東西両本願寺を中心として大きく取り上げられているけれども、実際には何ら証拠がないんだからいなかったんじゃないのかと、一時言われたことがありました。その「いなかったんだろう」という言葉がきっかけになって、じつは今日、親鸞研究が非常に盛んになったんです。

さて、親鸞聖人がいつ生まれたか、その年はわかりました。なぜわかるかと言ったら、親鸞が書かれた書き物の終わりに、これは何年何月何日で何歳の時に親鸞が書いたということを必ず書いておりますから、それから逆算すると生まれた年はわかるんです。でも近代の研究方法を通して親鸞聖人の全体像をつかもうといたしますと、材料不足過ぎであります。もう探せないんですね。親鸞聖人の生涯についてはたくさんの書物がありますけれども、どこで生まれたのか、どんな家系で生まれたのか、だいたい定説はできておりますけれども、本当の意味ではっきりした物的証拠というものはないんです。

生まれたあと、どんな経歴を経ていったのかということになると、本当にはっきりわかっているひとつの具体的なことは、法然上人の弟子になったということであります。

なぜわかっているかというと、これについては、親鸞聖人自身がそう言い続けておられたからです。文字にも書いておられます。するとこれは疑うことはできないですね。その当時、法然上人のご門弟の方々の様子というのは、たくさんの伝記の中に出ておりますし、当時のお公家さんの日記にも見えるわけです。ところが妙なことに、当時は親鸞とは名乗っていなかったようですけれども、そういう人物が法然上人の門弟にいたという記録はないんですね。ただひとつだけありますのは、比叡山の弾圧が厳しくなりました頃に、その弾圧に対して、法然上人以下百八十数名のお弟子が連署して、我々は行動を戒めますと書き記して比叡山延暦寺へ送った「七ヵ条の起請文」というものがございますけれども、その中に「僧綽空《しゃくくう》」という名前で親鸞の署名が出てくるんです。それひとつだけです。法然上人のもとにおいでになったということを証明する物的証拠はそれひとつなんです。ただ、法然上人のもとにいて、何をしたかということについては、親鸞聖人自身が書いておりますから、これは間違いなくわかるのですね。

その後に越後へ流されて、越後でどんな生活をなさったのか、越後から関東へ移って行かれたというけれども、関東でどんな生活をなさったのか、そして関東から京都へ帰って来たとい

七ヵ条の起請文（ななかじょうのきしょうもん）
――七ヵ条制誡ともいう。旧仏教より専修念仏停止の糾弾をされ、法然が門弟の行動を慎ませるよう七ヵ条からなる制誡を記し、それに法然以下189名が署名したもの。元久元（1204）年天台座主に送った。しかし承元元（1207）年院宣により法然は土佐（実際は讃岐）、親鸞は越後へ流罪に処せられた。

うけれども、どういう理由でいつ頃帰って来たのか。京都で亡くなったと言われるけれども、どんな亡くなり方をしたのか。今日の歴史学でだいたいのことはわかりますけれども、きっちりわかるというわけにいかないんですね。そのわからない理由はどこにあるのかというと、親鸞にあるんです。親鸞聖人自身が私《わたくし》のことについて語らなかったし、書かなかったということなんですね。それが、今日まで尾を引いているんです。

だいたい人間というものに、自分を語らないで物を言える人というのは、ほとんどいないんじゃないでしょうか。私が今日ここでお話をいたしました時にも、もうすでに数回私の経験を折り込んで話しています。そういう意味では、歎異抄の作者自身が自分の名前を示さなかったのは、それはそっくり親鸞聖人の姿勢に学んだのでしょう。だから自分は歴史の中に名前が消えて、自分という存在がいなくなって結構だ。いなくなることのほうが大事なんだ。なぜかというと、自分という存在が誰の目にもとまらないようになった時初めて、自分を救った教えが完全な形で人々の上に伝わっていくであろう。自分の名前が出てきたり、自分の存在が出てくると、自分を救った親鸞聖人の教えが自分という人間のために曲げられてしまうんじゃないか。と、教えによって生きるということにそこまで徹底した方が、歎異抄の作者だったのです。だから、署名をしなかったのでしょう。それはそっくり親鸞聖人自身の九十年の生き方を学んでいるのだと言ってもいいわけであります。

故親鸞の御ものがたり

ともかく、そんな親鸞聖人でありますから、聖人の言葉を集めて伝記にしようとする心を起こさせなかったのですが、時折はやっぱりお話しになったんですね。その中のひとつ、何でもないように話されたことの中に、この歎異抄の作者が一番大事なものを見つけたんです。それが跋文に出てくる物語なのですね。

簡単に申しますと、「法然上人のお弟子として親鸞聖人がおいでになった頃、みんな同一の信心のもとに生きていると思っていたようだけれども、どうもそうでなかったようだ。このため、ある時、信心ということについての論議が起こった」。今で申しますと、いわゆる論争が起こったわけですね。

その当時の親鸞は善信房《ぜんしんぼう》親鸞と言い、善信と呼ばれていたんですが、その論争が起こった時にですね、善信はこういうことを言ったのです。

「この善信の信心も、お師匠様法然上人のご信心も一つである」。そうしたら、そこに居合わせたお弟子の中で勢観房《せいかんぼう》、念仏房《ねんぶつぼう》という二人のお弟子たちは、親鸞のその一言に賛成するか

歎異抄　跋文（該当部分）→p.72参照

と思ったら、まっこうから反対をしたというんですよ。その反対の仕方は「どうして法然上人のご信心と、善信房（親鸞）、お前の信心とが一つであるなどというようなことが言えるのだ。それはとんでもないことだ。越権の沙汰じゃないか」と猛烈な反対です。

ところが、それに対して親鸞は「私は、あくまでも往生の信心ということでは一つだと言っているのでありまして、決して智慧第一の誉《ほま》れ高い法然上人のお智慧《ちえ》とか、その才覚とか、そういうことで私が一つだと言ったのではありません。もしそうならば、これはもっての外《ほか》だとお叱りを受けても、それは当然だと私は思います」と言うんですね。

そう言いましても、やっぱり、勢観房と念仏房というお弟子方はどうしても承知ができないんです。どこまでいっても話が尽きないんで、それでは仕方がないから、法然上人のもとへ出向いて行ってお尋ねしようということになった。それに対して、お師匠様法然上人は、はっきりこうおっしゃったと言うんです。源空《げんくう》とは法然上人が自分を呼ぶ時の名前です。

「源空が信心も、如来《にょらい》よりたまわりたる信心なり。善信房《ぜんしんぼう》の信心も如来よりたまわらせたまいたる信心なり。されば、ただひとつなり。別の信心にておわしまさんひとは、源空がまいらんずる浄土《じょうど》へは、よもまいらせたまいそうらわじ」とおおせそうらいしかば
（歎異抄　跋文）

つまり法然上人は、論争のあげく頭にきた弟子連中をご覧になって、「この法然の信心も親

鸞の信心も、両方とも同じだ」と。なぜ同じかと言うと、「両方とも如来より賜った信心だから同じなんだ。もし、そういう信心が違うという人がおいでになるならば、それは、この法然が往生するであろう同じ浄土へ往生するというわけにはいかないことになるんじゃないでしょうか」と、法然上人はお返事になったというのです。

歎異抄の作者はこういう物語をここへ持ってきているわけです。ところでこの物語は、何でもないひとつの物語のように見えますけれども、かなり大事な問題を含んでおります。歎異抄の第二条が明らかにそれを語っております。

親鸞におきては、ただ念仏して、弥陀《みだ》にたすけられまいらすべしと、よきひとのおおせをかぶりて、（蒙）信ずるほかに別の子細《しさい》なきなり。（歎異抄　二条）

また、

たとい、法然《ほうねん》聖人《しょうにん》にすかされまいらせて、念仏して地獄《じごく》におちたりとも、さらに後悔《こうかい》すべからずそうろう。（同右）

と、ここまで言い切っているのですよ。つまり親鸞聖人という人は、法然上人に騙《だま》されて地獄へ落ちるのなら本望だと、こう言い切れる人なのです。

この物語の中にある出来事は、本当に法然上人の門に入ってそんなに日の遠くない時期の物語でしょう。ですから、親鸞聖人にとりましては、非常な感動がまだ身に満ち満ちていた頃ですね。この方に会えた、この方の一言に会えたという感動で、もう全身が震えるような時なんですね。その時、親鸞聖人は同時にその感動の怖さを知ったんです。もしこの感動をしっかりと確かめないならば、自分は法然上人に惚《ほ》れ込むということになってしまうかもわからない。法然上人の教えによって生きる人間ではなくして、教えによって生きるという装いをもって、法然上人の人格に惚れ込んでいくような、そういう人間になるかもわからない。そのような信心ということが過ちを犯すのではないかということを、恐れとして一番よく知っていたのも親鸞聖人なんでしょう。だから、その問題をどうしてはっきりさせようかと親鸞聖人は苦慮されたんですね。

信心の同一性

苦慮された挙げ句の果て、親鸞聖人は一番適切な方法を探し出したんです。

それが勢観房・念仏房というお弟子方への着眼となったのです。この方々も決して親鸞聖人とそうお年が違っているとは思えません。長老というようなお年ではないと思います。

じつはその勢観房というお弟子は、勢観房源智と申しまして、今の知恩寺（京都・百万遍《ひゃくまんべん》）の開基と言われている方であります。法然上人の遺言であります「一枚起請文」というものが

一枚起請文（いちまいきしょうもん）
——法然入滅（1212年、建暦2）の2日前、門弟勢観房に請われて称名念仏の要諦を遺戒として述べたもの。

あります。一枚きりですが、念仏のいわれをじつに簡潔に書き記した遺言でございます。法然上人が息を引き取られる時に、その遺言を受け取ったのが勢観房源智なんです。だから、法然上人のお弟子には優れたお弟子がたくさんおいでになったけれども、この方は優れたお弟子であるというよりも、いつでも法然上人の身のお世話をなさるほど近くに身を置いていたお弟子さんなんですね。法然上人から、ある意味でかわいがられていたお弟子なんです。

そしてもうひとりの念仏房という方も、念阿弥陀仏と申しております、京都・嵯峨の往生院《おうじょういん》を開かれた方であります。この方も、他の法然上人の上足《じょうそく》のお弟子といわれる優れたお弟子で、後に法然上人の教えを学問的に明瞭にしていこうとなさった方々とは、少々趣きを異にしたお弟子であったように思います。嵯峨の往生院という所に、ある意味では身をひそめたと言ってもいい生き方をなさった方ですから、勢観房源智と似た、法然上人に心酔して慕っていくという、本当に純粋な姿をもって法然上人の教えを聞いていた方なんでしょう。

そのあたりが、親鸞聖人があまり好かれなかった理由じゃないかなと、私はちょっと思うような時もあるんですがね。言うならば、誰が見ても法然上人のお弟子と思われている人たちは、いつも法然上人のお側近くにいて、身のお世話をしながら教えを聞いておられたお方達を、あぁ尊いお方だなと思っておられたことでしょう。ところが、その尊いお方だなとみんなが思っている、その方々を親鸞聖人は引っ張り出したわけです。そして、自分の信心の内容まで確かめさせようとなさったんですね。これは極端になりますと、ひょっとすると法然上人まで引っ張り出すということになるかもわかりませんからね。法然上人と勢観房、法然上人と念仏房との関係の中に、信心ということが本当に明瞭になっているか、それとも人間関係が介在しているか。そこまで詰めようとする気迫さえ、ここには感じられる物語なんです。

法然上人のお弟子にはもっと名も無い人たちもたくさんおいでになったわけですから、もし親鸞がこの時に勢観房とか念仏房ではなく、そういう人たちを出してきて、そういう人と親鸞の信心は一つだと言ったら、「あぁ、ごもっともです」と誉められたと思いますね。ちょっと想像をたくましくいたしますけれども、あるいは「勢観房様、念仏房様、あなた方を引き合いに出して申し訳がない。失礼は重々承知のうえだけれども、勢観房様、念仏房様のご信心とこの親鸞の信心とは一つだと私は思っておりますが」と、もし親鸞聖人がその時言ったならば、あんまりいいお顔はしなかったかもわかりませんけれども、でも承認はされただろうと思いますす。ところが承認されてしまったんでは、親鸞聖人の一番問題にしようとする所がはっきりしないんですね。だから一足飛びに法然上人の所まで行ったわけですよ。「法然上人の信心と、この駆け出し者の親鸞の信心とは一つだ」とこう言ったんですね。その途端に、みんな同一の信心の下《もと》に集《つど》っていると思っていた確信が一挙に崩れたと言ってもいいのでしょう。だから「とんでもないことを言う。あの法然上人のような立派なお方の信心とお前のような駆け出し者の信心とが一つだというようなことは、もうとんでもないことだ」と叱られたのです。

叱られることによって、ことがはっきりするんです。これは面白いですね。叱られて何がはっきりしたかと申しますと、「私が言っているのは、法然上人のお智慧・才覚と、この愚かな親鸞の智慧・才覚とが一緒だというようなことを申しておるのではございません。私が言っているのは、往生の信心ということは、すべての人々にとり同一であるということを申しておるのです」とこう言ったんですが、彼らは承知しない。承知しないということはどういうことかと申しますと、信心と言っていることがそういう形で突き詰められてみると、信心という名のものではありましたが、内容は智慧とか才覚とかその他人間が諸々に付けていきます事柄と質が同じだったということです。

智慧や才覚ということになれば、やっぱり違いがありますよね。その当時の法然上人が智慧第一の人だという名声は、法然上人とまったく反対の立場に立っておられた多くの仏教の学僧たちも、どうしてもそれだけは否定できなかったんです。そういう証拠はいくらでもあります。だから、法然上人の智慧第一というその名声は、名実共にその当時の人たちは一目《いちもく》も二目《にもく》をおかざるを得ない事実だったんですね。まっこうから法然上人の物の考え方に対して反対をなさった方が「法然は智慧の優れた人と聞いていたけれども、その人がどうしてこんなことを言うんだ」と言っています。それと親鸞の智慧・才覚とが一緒だと言ったら、これは当然もっての外ということになりましょう。

　ところが親鸞聖人は、私の言っていることは往生の信心についてだと、こう言うんですね。けれども聞いた方は、頭の中で往生の信心と智慧・才覚とが一緒になってしまっているんです。一緒になっているから、あの優れたあの尊い法然上人の信心と、駆け出し者の親鸞の信心とが一つということは理に合わない、と強く否定する。それでとうとう法然上人のもとまで行ったんですね。ところが法然上人のご返事は「この法然の信心も善信房親鸞の信心も同じだ。なぜかと言ったら、信心というものは如来より賜った信心だから同じなんだ。だからもし、信心が違うと考えられるならば、そう考えられる方は、この法然がまいる浄土へ同じようにまいるというわけにはいかないことになりはしませんでしょうか」と。

真実の信心を明らかに

　この物語は非常に大事なことをはっきりさせています。大事なことと申しますのは「信心」と「信心という名の似て非なるもの」とをはっきりさせておかないと、事柄は混乱するということであります。そして真に人間を平等に救い、真に人間を自立せしめていくような信心といわれるものは、人間の中から作り出すことは決してできないということであります。

人間の能力から作り出したものは、必ず人間の内なるものです。人間の内なるものは人間が千差万別であるごとく、やはり千差万別なんです。その千差万別を生きながら苦しみ、千差万別を生きることによって悩んでいる人間が、本当の意味で人間としての平等、人間としての自立、人間としての自由というものを得ることのできるような事柄が「信心」という言葉で語られるものといたしますと、その信心は、法然上人のお言葉のように「如来より賜ったもの」でない限りあり得ないのです。「如来より賜ったものである」ということにおいて初めて、信心はじつは一つであるという同一性がわかるわけなんですね。

この「如来より賜る」という言葉も少々説明しないとわかりにくい言葉です。ここで了解をしていただきたいと思いますのは、「如来より賜る」と申しましても、特別な世界から何かをもらうという話ではございません。親鸞聖人の場合はいっさいそういうことはありません。

如来ということを親鸞聖人はどう押さえておられるかと申しますと「真実」です。ですから、親鸞聖人にとって「真実」という言葉を人間に使うことは決してないんですね。親鸞聖人が「真実」と言った時には、それは必ず如来を語っているんです。親鸞聖人は『教行信証』という主著の中ではっきり、

「真実」というは、すなわちこれ如来《にょらい》なり。如来はすなわちこれ真実なり。

（教行信証　信巻）

教行信証（きょうぎょうしんしょう）
――親鸞の主著、『顕浄土真実教行証文類』という。教・行・信・証・真仏土・化身土の全6巻からなり、浄土真宗の立教開宗の書であり、根本聖典である。

とおっしゃっています。ですから、そういう意味では「如来より賜りたる信心」という言葉をそのまま申しますと「真実の理から明らかにされた信心」「真実の理のうえに成り立っている信心」と言い切って間違いはないと思います。そういたしますと、「真実の理」に則《のっと》った信心であるならば、それは人間を真に平等に、人間を真に自由に、人間を真に自立した尊き存在として、ひとりの人間も漏らすことなく成就せしめていくという働きをもつのです。そういう意味で、親鸞聖人が明らかにしてくださる信心というのは、じつはこういうものであると歎異抄がはっきりこういう物語を通して確かめてくださったわけであります。

このように考えてまいりますと、先程とんでもない問題提起を申しましたけれども、そのとんでもない問題提起が案外とんでもないことではなくて、きちっと確かめておかないと、それこそとんでもないことになるんだということがおわかりいただけたんじゃないかと思います。「信心」と「信心という名の人間の作り出した心理」。それは、ごっちゃにしてはならないということであります。あるいは、「信仰という言葉」とそして「信仰という表現が使われている人間の功利心」とをごっちゃにしてはならないということであります。ですからまた、信心によって成り立つ本当の意味での人間の集いを宗教集団と言うならば、それは自立した人間同士の連帯の世界が本当の意味での宗教集団と言うにふさわしい世界なんですね。それと、信心が一つだということを曖昧にしたまま、一緒に集団を形成していくもの、これも本当の意味の宗教教団とは質が違う。歎異抄の作者はこのことを親鸞聖人の言葉を通して明らかにしようとなさったわけでありましょう。

今日は「ただ一つの信心」というテーマを立てて、端的に歎異抄が語ろうとする一番根本の所へ飛び込んでみると申しました。飛び込み切れたかどうかは、保証の限りではございませんが。問題は、そういう「信心」と「信心という名の似て非なるもの」との峻別《しゅんべつ》が明らかにならないと、宗教という事柄ほど人間を困惑させるものはないということですね。それがじつは歎異抄の主題なのであります。ですからその主題から、歎異抄は真実の信心ということにおいて、人間のうえにどのようなことが明らかになってくるのかということを語っていってくださいますし、その真実の信心に異なるということによって、人間のうえにどんなことが現象として起こっているかということを批判する形で表現してくださいます。

そのことを、私たちが歎異抄から聞き取ることができますならば、私たちは、単に宗教というある特定の事柄についての問題ではなく、人間の自立とか、自由とか、あるいは尊厳とか平等とかいう問題の本質まで見定めていくことができるようになるのではないか。こんなことを思いながら、非常に大胆な問題の提起をさせていただき、そして、思い切って歎異抄の一番大切な一点へ迫ってみたということでございます。

歎異抄　跋文（抜粋）

右条々はみなもって信心のことなるよりおこりそうろうか。故聖人《こしょうにん》の御ものがたりに、法然聖人《ほうねんしょうにん》の御とき、御弟子《おんでし》そのかずおおかりけるなかに、おなじく御信心《ごしんじん》のひとも、すくなくおわしけるにこそ、親鸞《しんらん》、御同朋《どうぼう》の御なかにして、御相論《ごそうろん》のことそうらいけり。そのゆえは、「善信《ぜんしん》が信心も、聖人の御信心もひとつなり」とおおせのそうらいければ、勢観房《せいかんぼう》、念仏房《ねんぶつぼう》なんどもうす御同朋達《どうぼうたち》、もってのほかにあらそいたまいて、「いかでか聖人の御信心に善信房《ぜんしんぼう》の信心、ひとつにはあるべきぞ」とそうらいければ、「聖人の御智慧才覚《おんちえさいかく》ひろくおわしますに、一《ひとつ》ならんともうさばこそ、ひがごとならめ。往生の信心においては、まったくことなることなし、ただひとつなり」と御返答ありけれども、なお、「いかでかその義あらん」という疑難《ぎなん》ありければ、詮《せん》ずるところ聖人の御まえにて、自他の是非をさだむべきにて、この子細をもうしあげければ、法然聖人のおおせには、「源空が信心も、如来《にょらい》よりたまわりたる信心なり。善信房《ぜんしんぼう》の信心も如来よりたまわらせたまいたる信心なり。されば、ただひとつなり。別の信心にておわしまさんひとは、源空がまいらんずる浄土《じょうど》へは、よもまいらせたまいそうらわじ」とおおせそうらいしかば、当時の一向専修《いっこうせんじゅ》のひとびとのなかにも、親鸞《しんらん》の御信心にひとつならぬ御《おん》こともそうろうらんとおぼえそうろう。いずれもいずれもくりごとにてそうらえども、かきつけそうろうなり。……

つねに
新しい
人生

第3回講座

つねに
新しい
人生

「歎異抄の心を語る」と題してのお話も、これが三回目となります。皆様方にも何かお考えをいただきたいと思いまして、先回は、思い切って一足飛びに歎異抄の主題に話の方向を向けていったわけであります。

歎異抄の主題と申しますと、これはもう非常に明瞭なわけで、歎異抄の作者自身が「信心の異なることを歎く」と、こう言っております。といたしますと、「信心が異なる」ということはいったいどういうことなんだろうか。これがはっきりすれば、歎異抄が我々に語りかける中心の事柄というのは明瞭になるわけですね。反対の表現で申しますと、「信心が同じだ」あるいは「同一の信心」というのはいったいどういうことを言うのかがわかればいい、ということになっていくわけであります。そうなりますと、信心が異なるとか、あるいは同一の信心とか、こういう言葉で押さえなおしてみますと、じつは素朴な問題ではないということがわかります。信心が同じか違うか、という言葉だけを取り上げましても、問題は大きいということがわかります。また当然、信心が同じとか異なると言う限り、それは複数の人間のうえに起ることであることも明瞭なことであります。その複数の数が増えれば、そこにはひとつの集団ができるわけですから、その集団における根本問題も結局は、信心が同じか、信心が異なるか、というこのことで尽くされていくわけであります。

それはやがて宗教とは何だ、あるいは信仰とは人間にとってどういう役割を果たすのか、というような問題にまで広がってまいります。違う側面から申しますと、その宗教を中心とした人間の社会に関わりをもっている組織、いわゆる宗教集団というものは、いったい何をもって社会に存立をする自己を主張できるのかというふうな問題にまで、どんどん広がってまいります。そういたしますと、「信心の異なりを歎く」との一言が中心だと申しますけれども、その中心である一言は決して七百年前にある特定の宗教集団の中に起こったある特定の事柄ではなくて、人間にとって宗教という事柄が非常に深い関わりをもつ、そういう状況を生きているうちは、この問題は決して解決したというわけにいかない問題だとわかります。いわば問題は、いつも今日の問題として、再確認をしていかなくてはならない、こういう問題になるんじゃないだろうかと思います。

先回はそんなことを思いながら、少し荒っぽい問題の整理の仕方をいたしました。同一の信心ということはいったい、歎異抄の作者によってどのように示されているのだろうか。歎異抄という書物は厳しい物の言い方をする所があるかと思うと、あるいはなにか物語のように話をしているところがある。だからそういうところはさして重要な問題ではなかろうとうっかり見落としていきそうになる。ところがそういう所に、非常に重大な問題を提起している。本当に緩急が自在であると申しますか、油断のならない性格の書物だと思います。

作者自身は自分で名付けた『歎異抄』の主題を明瞭にすることも、いわゆる歎異抄の作者自身の言葉ではしないんですね。なにぶんにも歎異抄が問題にしておりますのは、親鸞を師匠と仰ぐ門弟の中に起こってくる諸問題を、その正しき在り方と誤っていく在り方とでただしていこうとすること、これがやはり中心に据えられている事柄であります。そうすると当然一番適切な方法をとることになると「親鸞がこう語った」と言うことになるわけですね。しかし、親鸞が一方的に語ったという話であるならば、まだもうひとつ迫力が欠けるわけでしょう。先講で話したことは、親鸞がある時にこういうような論争をして、親鸞ならびにその論争に加わった人たちが師匠と仰いでいた法然上人によって決着をつけさせるという結論の出し方をされた、という内容でしたね。若き日の親鸞が法然上人の膝下《しっか》にいた時代における出来事をもって、信心が同じであるとはどういうことなのかを明らかにし、「信心が異なる」と歎いているのはどういうことなのかを、いわば、親鸞をして語らしめたのです。もっと申しますと、法然・親鸞をして語らしめることを通して、歎異抄は問題の中核を、本当の意味で客観的に証明したと言ってもいい方法をとったわけであります。

この事柄は、歎異抄の中で一番終わりの部分に位置付けられている、作者自身の述懐の心を込めた長い後書き部分（跋文）の、はじめの文章です。それは次のような一文です。

「若き日の親鸞が法然上人の膝下にいた頃、勢観房《せいかんぼう》と念仏房《ねんぶつぼう》という法然上人に非常に近く身を置き、法然上人を本当にお慕いして一生を生き抜いた先輩がおられました。そうした法然上

法然（ほうねん）→p.55参照
歎異抄　跋文（該当部分）→p.72参照

人のお弟子を相手どって、親鸞は信心が一つだという主張をし、その信心が一つだという主張に対する反論を受け止めながら、反論の内容を一つひとつ吟味していくという形で、最後には法然上人に決着を付けてもらう物語りをして、お話を進めていかれました」。

このことを手がかりに、先回は問題を絞ってみたわけであります。

信心をはっきりさせる

親鸞と勢観房、念仏房といわれる人たちとの論争を通して、そしてその論争について決着をつけられた法然上人のお返事をみてみますと、信心が同じであるということの中に、非常に大切な要素が、見事に三つの形で示されているということがわかります。

それは何かと申しますと、第一は親鸞が「信心は一つだ」と言い出した言葉の中にあるわけですね。法然上人の信心と、この若い愚かな善信房《ぜんしんぼう》——当時親鸞は善信と言っていたんですが——その善信の信心とは一つだ、と言われたわけです。勢観房、念仏房がどうしてそんなことが言えるのかと言ったら、親鸞は、「往生の信心においては一つだ」と念を押して言います。親鸞の言い方に展開があるわけですね。信心ということで言うならば、智慧でも学問でも問題にならないくらい若造のこの親鸞と、智慧第一という名声が日本全国に轟《とどろ》きわたっている法然上人の信心とは一つだと、まず言い切るわけですね。そう言い切ると、それに対する反論が出てくる。反論が出てくるとその反論を受けて、信心が一つだという主張の根本の一点というのはいったい何か。親鸞は自ら「往生の信心は一つだと私は言っているのであって、それ以外のことについて、私は何も言ってはおりません」と言い切るんですね。

この往生の信心という親鸞の言い方の中にですね、ひとつ大切な問題があるわけであります。「往生の信心」というだけでは、わかりにくい言葉でありますから、私なりにもう少し言葉を付け加えて申しますと、「往生という事柄を成り立たしめるようなこととして、信心ということが語られるのであるならば、その信心は男であろうが女であろうが、卑しいといわれていようが尊いといわれていようが、あるいは頭がいいといわれようが、頭が悪いといわれようが、そういう人間における相違を越えて一つであると、こう言い切れるのだ。しかし、その同じ信心という表現をとって言われておりましても、その内容が往生という事柄に関係しないことであるならば、これは一つだと言ったら大変なことになるんだ」と、こう言っておられるのです。

「往生の信心」とはただ五つの文字でありますけれども、これだけで一つの問題を峻別《しゅんべつ》していいます。それは何かと言ったら、信心という言葉はそれだけ使ったのでは内容はわからないんだということです。

信心という言葉は、信仰という言葉に一般的に置き換えられることがありますね。だいたい現代の私たち日本人の物の考え方にある「信仰」という言葉には、本来の「信仰」という事柄には、仏教的には極めて不明瞭な言葉なのです。私たちは日本人を東洋人だと言っておりますけれども、ご承知のように明治以降日本の文化は完全に西洋の文化の中にすっぽりと包まれて今日までできておりますから、日本人の物の考え方の基調は西洋人的なんです。だから、言葉は同じように使っておりましても、まったく違うということになかなか気が付かない。ある意味では気が付けないいんです。むしろ西洋人のほうが、東洋の思想、あるいは東洋の言葉のもっている意味、それが西洋にないものだということに気付いていると言ってもいいような時代が現代だろうと私は思うのです。

では、なぜ信仰という言葉がこれほど一般化したのでしょう。正直に申しますと、宗教学をご専門になさっている先生でも、信仰という言葉が東洋人の宗教思想の中でどのように理解されているのかということになると、なかなか規定がしにくいのではないかと思っております。非常に単純に申しますと、キリスト教的な神と人間との関わりの中で、信じ仰ぐ信仰という事柄が、そのまま仏教をも包んで、信仰という言葉の中に、宗教の問題を包み込んでしまっているというのが今日の状況だろうと思います。

丁寧にみていきますと、仏教にも、信仰という言葉は使わないとは申しませんが、今日私たちが普通に使うような信仰という言葉使いは、極めて稀《まれ》なんですね。したがって、特に親鸞聖人にとって「信」とか「信心」という事柄は、一般に神を信仰する、あるいは何々如来を信仰すると私たちが普通何の気なしに使っている言葉と、ただちにイコールにならないという問題があるのです。

私は先年、所用でアメリカへまいりました。アメリカのシカゴから少し離れたところにウィスコンシン州立のウィスコンシン大学があります。アメリカの州立大学として唯一、仏教学でPhd. いわゆる博士の称号を与えることができるのがウィスコンシン大学なんです。そのウィスコンシン大学を見学に行ったわけであります。

たまたま、仏教学の主任をやっている清田先生という方のゼミナールがありました。私もそのゼミに出ておりましたら、「ちょうど今ここに、日本の仏教の学校である大谷大学から廣瀬という人が来ているから、私の話は今日はやめましょう。親鸞を研究している人だから、親鸞の思想について話してもらいましょう」って急に言われてしまったんです。困っているわけにもいきませんし、私はついに思い切って話をしたわけです。

その時に、私が申しました重要な一点は、「ひとつだけ、皆様方にお話をしてわかっていただけない言葉があります。それは何かと言ったら、私が親鸞について語る時、どうしてもこの言葉は使わないわけにはいかない言葉です。しかし、この言葉を使った途端に、皆様方にはわかっていただけなくなるという言葉であります。それは何かと言ったら、『信』という言葉です。だから、その『信』という言葉は英語に訳せといわれても私は訳せないんです」と、こういう話をしたんです。そうしましたら、「どうして訳せないんですか」と質問が当然出たんです。私が答えましたのは「それは、失礼な言い方かもわからないけれど、キリスト教圏のお国には、『信』という言葉に該当する言葉がまだないからです」。こういう返事をしたことを自分で覚えています。

今から思いますと、よく厚かましいことを言ったものだなと思います。でも、言ったことの本質はそれほど間違っていないつもりです。信心という言葉とそして信仰という言葉。「信」と、「信仰」といわれる一般的表現の言葉とは違うんだ、ということだけは知っておいていただく必要があります。ですから、最近ではそういうことに注目をする先生方も多く出てまいりまして、翻訳をなさる時に、信心という言葉は英語に翻訳をなさるということは決してしないで、〝SHINJIN〟とローマナイズしたり、あるいは〝信〟とはっきり書いておられます。

その「信心」をはっきりさせていこうとする時、親鸞の言おうとする信心は何かと言ったら、「往生の信心」なのです。往生という二字で、その信心をまずはっきりさせておいでになるということがひとつあります。それから、お話をいたしましたあの物語の中で、法然上人が決着をつけるようにして答を出されました、その答の中に、往生の信心という事柄を証明する言葉が二つあるのです。

その一つは、「如来より賜りたる信心」ということです。これは法然上人が「善信房の信心も如来より賜らせたまいたる信心である、この源空（法然のこと）の信心も如来より賜りたる信心である、だから一つだ」とおっしゃる所ですね。法然上人は信心についての論争に決着をつけようとなさる時に、「如来より賜りたる信心ということにおいては一つであると言えるのであって、それ以外の要素をもった信心については一つということは言えないんだ」と、こういうふうに念を押されます。だから問題は、その「如来より賜りたる」ということがどういうことなのかがわかれば、事柄ははっきりするということになりますね。

もうひとつは、先のように明瞭な言葉にはなっておりませんけれども、物語の形を通して、法然上人がおっしゃっていることです。それは、「もし信心が異なるというようなことになると、この源空がまいる浄土へは恐らく同じようにまいるというわけにはいかないでしょう」という言い方です。ということは、少し言葉を突き詰めて申しますと、いわゆる同じ浄土に往生するということができないならば、それは「往生の信心」でないということであります。

事柄といいたしましては、信心が一つだということを明瞭にしていく一点に絞られておりますけれども、その要点は、三つあるわけですね。問題を提起した親鸞の発言としての「往生の信心」、そして、決着を付けたお師匠様、法然上人の確かめごととして明らかになった「如来より賜りたる信心」、そしてもうひとつは「同じ浄土へまいる信心」。この三つが上手くうなずけますならば、親鸞が明らかにしようとすること、したがって歎異抄が信心が同じだと主張し、そして信心が異なることを歎くということが何を言おうとしているのかを了解できる、ということになるだろうと思います。

そんなことから、「往生の信心」と親鸞はおっしゃったわけです。そういたしますと信心ということの内容は、往生という事柄が明らかになれば、少なくとも中心の問題は明瞭になろうかと思います。ですから今回は、その「往生」ということに注目をする形でお話をしていこうかと思います。しかも、往生という言葉では語らないで、思い切って「つねに新しい人生」というふうに言い換えて、往生ということをお話ししてみようかなと思ってまいりました。

往生は立ち往生？

だいたい往生という言葉は、ある意味で非常に誤解の多い言葉でもあります。ただ誤解が多いというだけではなくて、仏教といわれている宗教の中での使われ方も、必ずしもきちっとしているとは言い切れない言葉なんですね。ですから私がこれから申し上げますことは、ひょっとすると、皆様方の念頭にもし往生という言葉についてのご理解があるといたしますと、少し違ったことになるかもわかりません。ですから、今までは何も知らなかったということを前提にして、お聞きいただきたいと思います。

往生という言葉は、日常語としましても随分いろいろな使い方がされています。集中豪雨になると、「立ち往生」という言葉がしょっちゅう出てきます。新幹線がどこやらで立ち往生いたしました、とニュースでも言っております。新聞の見出しなどでも、立ち往生とよく大きな字で書いてありますから、立ち往生という言葉については、十分理解し原稿を作っておいでなのだろうと思いますが、どういうふうに理解なさって使われているかは、私は少々疑問に思います。

ご承知かと思いますけれども、立ち往生というのは、源《みなもとのよしつね》義経が弁慶《べんけい》たちを連れて奥州へ落ちのびて行くその最後に、信頼していた者に滅ぼされるのですが、最後まで死守した弁慶が刀折れ矢尽きて、敵の矢を全身に浴びてしかも目をカッと見開いて立ったままでいたということを指しているんですね。まだ生きているだろうと矢を射っていた、ところがじつは死んでいた、と。「弁慶の立ち往生」という言葉は字引きにも出てまいりますが、それで立ち往生という言葉が始まったと一般的に言われております。それから、にっちもさっちも行かなくなった時、進むこともできず後ろへさがることもできないような状態に置かれた時に、往生という言葉を今日使っているわけですね。

ところが、その「立つ」という字をはずしても、やはり同じように使います。日常語にもしょっちゅうあるじゃありませんか、「今日、往生した」とか。たいてい「今日は往生した」とおっしゃる時は、「今日はまいった、今日はもうどうにもならないことに出会って困った」という意味で使いますね。私は、その使い方が間違っていると、ここでとやかくクレームをつけるつもりはないんです。間違わしめた元があるから間違っているわけですから、責任はむしろ間違わしめた仏教のほうにあるのです。そちらのほうが責任を取らなくてはいけないと思ってはおります。

ただ、今の「立ち往生」のように日常に使われている言葉の往生の使い方も、それから、「今日は往生した」のような非常に平易な日常語の往生の使われ方も、基本的に仏教で使われる「往生」という言葉とは意味が違っている、ということだけははっきりしております。意味が違っているどころか、逆さまだということもはっきりしているんです。その「往生」がそのような日常語に一般化されるに至ったのは、この言葉について、仏教の側での了解がなかなか徹底できなかったといういきさつが今日にまで影響しているんですね。

死イコール往生ではない

では、どこでそういうことが起こったのかと申しますと、「肉体の滅び」つまり「人間の死」と「往生」とが即イコールで結ばれてしまったというところにあると思います。どなたかが長寿を全《まっと》うして眠るがごとき生涯を終えたと報道をする時に、「大往生を遂げられた」と言いますね。よくよく考えますと、その言葉は意味をもっている言葉なんです。ところが、安らかに眠るがごとく死んでいかれたということを「大往生」に即イコールで結んでしまうには、少々往生という言葉について不注意すぎると言わなくてはならない問題があると思うのです。

死、いわゆる命の終わりを往生と言うことの積極的意味は、親鸞聖人の考え方には基本的にないとお考えいただいて、私は間違いないと思います。たしかに今日の仏教界におきましても、あるいは親鸞自身の書いている書き物の中にも、その当時一般に使われていた用法に従って往生と肉体の終わりの死とを一緒の意味に使うことはまったくないとは申しません。しかし、往生ということについて事柄を明らかになさろうとする時には、これは厳密に往生イコール死ではないと、こう言い切っていくのが親鸞の往生観であります。そうすると、歎異抄の作者が、信心の異なることを歎いて同一の信心ということを言おうとする時に、親鸞の言葉として「往生の信心」と言わしめたのは、往生という意味が明らかになっていないから信心の意味もきちんと定まらないんだということを、歎異抄の作者は親鸞の言葉に託して言わせているわけであります。そういう意味で、日常的な用法としてやはり誤っているということもあり、誤らしめたのは仏教自体が往生についての徹底した了解を見出し得ないできたという点が問題として残るということになります。

親鸞はそういう点を明瞭にしなくてはならなかったのです。往生という事柄についてはかなりはっきり言い切って、内容を明瞭にしていくということをなさっておられます。

そのために私はここから、親鸞聖人の言葉をいくつか引用いたします。もちろんこれ以外にも親鸞の言葉はありますが、これらは非常にわかりやすい言葉です。当然もとは現代語ではございませんけれども。

最初に、親鸞聖人が七十九歳の時に、関東の門弟に送った手紙の中に書いてある言葉です。「末燈鈔《まっとうしょう》」という一冊の書物にまとめられております。その中に、

> 真実信心《しんじつしんじん》の行人《ぎょうにん》は、摂取不捨《せっしゅふしゃ》のゆえに、正定聚《しょうじょうじゅ》のくらいに住す。このゆえに、臨終《りんじゅう》まつことなし、来迎《らいこう》たのむことなし。信心《しんじん》のさだまるとき、往生《おうじょう》またさだまるなり。
>
> （末燈鈔　第一）

という言い方をしてます。簡単に申しますと「本当の信心の行人になるならば、おさめとって捨てないという阿弥陀のはたらきのゆえに正定聚という位に住するようになる。そうすると、

末燈鈔（まっとうしょう）
——親鸞晩年の門弟宛消息（手紙）と法語を１冊にまとめたものの一つ。掲載のものには「建長三歳（1251年）……愚禿親鸞七十九歳」の奥書がある。

その人は最早臨終を待つということをする必要がなくなり、当然、来迎をたのんで、仏様にお迎えに来ていただこうということに期待をかける必要もなくなる。信心が定まったその時、往生もまた定まるんだから」とこう言い切る言い方ですね。

そして次の言葉は「一念多念文意《いちねんたねんもんい》」という題名が付いている親鸞八十五歳の時にお書きになったお書き物の中にあり、これもやはり関東の同朋の人たちに読んでほしいと思って書かれた物です。その中に、

とき・日《ひ》をもへだてず、正定聚《しょうじょうじゅ》のくらいにつきさだまるを、往生をうとはのたまえるなり。

（一念多念文意）

という言葉があります。「時をも日をも隔てることがなく——即刻にということですね——正定聚の位につき定まった時に往生を得ると、こういうふうに私は教えられた」、と言っているんですね。はっきり言えば、正定聚の位につき定まったということは、そこで信心が定まったということだとなりますから、そうするとその時日を隔てないで往生を得ると言ってしまえるんです。やがて往生するとは言ってないんです。「正定聚」という言葉について、親鸞自身が説明（左訓）をしている言葉をここへ引用します。

「往生《おうじょう》すべき身《み》と定《さだ》まるなり」

（同右、左訓）

と言います。親鸞が使う「身」という字の積極的な意味は、このボディつまり肉体という意味

一念多念文意（いちねんたねんもんい）
——1257（康元2）年、親鸞85歳の著述。法然門下の法兄、隆寛律師作「一念多念分別事」に注釈を加えたもの。一念・多念のいずれにも執著してはならないことを明らかにしている。

じゃないんです。生活と言ったほうがはっきりするでしょうね。生活体ですね。だから、往生すべき生活者に定まるんだという了解で間違いがないと思います。あるいは同じ「正定聚」という言葉について説明（左訓）で、

「かならず仏《ほとけ》になるべき身《み》となれるとなり」（同右、左訓）

と言っていますから、「必ず仏になるべき生活者となるんだ」ということが正定聚だということですね。「往生すべき身」とか、「必ず仏になるべき身」ということですから「生活者」と私はあえて言いますと、そういう生活者になるんだという言い方をしてますね。

もうひとつだけ、もっと積極的な言葉をご紹介します。

すなわち往生《おうじょう》すとのたまえるは、正定聚《しょうじょうじゅ》のくらいにさだまるを、不退転《ふたいてん》に住すとはのたまえるなり。このくらいにさだまりぬれば、かならず無上大涅槃《むじょうだいねはん》にいたるべき身となるがゆえに（同右）

いろんな言葉が出てまいりました。先の言葉で「往生を得」とありましたが、ここでは、さらに一歩進めて「往生する」とあります。「即ち」という字が上にありますが、この字も親鸞は非常に大切に使う字です。この「即」の字に、親鸞は二通りの了解をもっております。一つには「ただちに、時を隔てないで」という意味です。もうひとつは「法則的」という意味として使います。則と即とは必ずしも同一の意味とは言えませんが、あえて同義語として用いている

のです。法則の則を「すなわち」と読みますからね。親鸞は「法則」に「ことのさだまりたるありさまということろなり」（一念多念文意）という註（左訓）を付けています。ですから、今日で言う非常に合理的な発言です。「即ち往生す」と言った時は、「即刻往生する、法則的に往生する」ということが「正定聚の位に定まる」という意味であります。それを別の言葉で言うと「不退転に住する」ということになります。不退転に住するとはどういうことかと言ったら「必ず無上大涅槃にいたるべき生活者（＝身）となる」ことであると言っています。

さらに「不退転に住す」という言葉は「仏《ほとけ》になるまで」（同、左訓）ということだと言っています。この「まで」というのが心憎いほど見事に効いているんですね。仏になるまで何をしているのかと言えば、生きているんですよ。生活しているんです。だから「まで」を使うことで、仏になるまで生きているということを不退転に住すと言うのであると、親鸞は解釈をしています。あるいは「無上大涅槃」という言葉も、はっきり「真《まこと》の仏《ほとけ》なり」（同、左訓）、真実の仏である、と親鸞聖人は言っています。「一念多念文意」は八十五歳という親鸞聖人が亡くなる五年前に書かれた文章ですが、恐ろしいほどに明晰な発言をしておられるわけです。もちろん、もっと早い時期の言葉もいろいろあるのですが、特に晩年の言葉から私がこういう言葉を選んでまいりましたのは、親鸞聖人が最後の最後まで、いよいよ明瞭にしていかなくてはならなかった事柄は往生ということであったと、まず知っていただきたかったからです。その往生を決定するのが信心だと。これらの問題が歎異抄の中では、親鸞の若い日の様子を彷彿《ほうふつ》とさせるようなエピソードとして語られているわけであります。

昭和四十六年に九十六歳で亡くなった曽我量深《そがりょうじん》先生は、

「往生の生というのは、これは生活ということですね」

と言われました。平たい言葉でじつは突飛もないことを言っているようですが、今まで申しました親鸞聖人の言葉から振り返ってみますと、そのとおり、生活なんですよ。そうすると「往生」は生活の上に「往《ゆ》く」という字がついているんですから、さあ、その往《ゆ》く生活とはどういうことなのでしょうか。往《ゆ》く生活は、即ちイコール死、と結べるのかどうか。このへんが問題の決め手になってくるんじゃなかろうかなと思います。

今日引用に出しましたのは、特に親鸞聖人の晩年の言葉を選んでまいりましたので、当然、言葉は端的な表現になっております。親鸞聖人は晩年になればなるほど言葉が簡素になり、あまり配慮がなくなって、非常に明瞭になっていくんです。すると聞くほうがついていけないということがありまして、今の「往生」もそのひとつであります。親鸞の言葉を見てもわかりますように、往生するとは死ぬ・肉体の滅びとイコールだとする考え方は、基本的には親鸞はなさっていないということはおわかりいただけたと思います。

「不退転《ふたいてん》」という言葉を使う時に、「現生不退《げんしょうふたい》」という言葉を使いますが、この世において

曽我量深（そが・りょうじん）
——1875-1971。清沢満之門下の仏教学者。近代真宗学の方向を決定した代表的教学者の一人。金子大栄の先輩。多数の著書あり。『曽我量深選集』（弥生書房）、『曽我量深説教集』（法藏館）等として集録出版されている。

不退の位に住するということですから、死んでから楽をするという発想は親鸞の中にはまったくないのです。あくまでも宗教・仏教が人間にとって積極的な役割を果たすとするならば、今現にここに生きている人間のうえにどのような作用をするか、どのような働きをするかでなければ、どんな言葉使いをされてもそれは意味がない。これが、親鸞の基本的な物の考え方であります。それを私などが教えを受けた曽我先生は「往生の生は生活の生という字といっしょで、これは生活ということですよ」と表現されたわけですね。

実体化された過去と未来

さて、歎異抄について六回お話をします間には、どうしても一度は触れていかなくてはいけないだろうと思うことがございます。今回その予告編のつもりでお話しさせていただきますのは、「宿業」という言葉です。そして、もうひとつ一方に「極楽に往生する」という言葉が同時にあります。この二つの言葉が、どういう意味をもっているのかということは非常に大きい問題なのです。特に「宿業」は、親鸞聖人の書いた書物にも手紙にも一度も出てこない言葉なんです。どこに出てくるかというと、歎異抄の十三条に出てくる言葉なんですね。その十三条は非常に積極的な物の言い方をしている部分なんです。どうしてかと申しますと、親鸞が話し

宿業（しゅくごう）
──宿は「むかし」であり、また「やどす」をも表す字。業は「行為」であり「生活」を意味する。その意味では自分のなした過去の生活行為であるが、それは実体化された過去世の行為を意味するものではなく、現在の自分の自覚内容として知られる自己の歴史への認識であり、それゆえに自分自身についての責任的存在認識の内容である。

出して、唯円《ゆいえん》というお弟子に試すような形で物を言う問答態をとっている文章なんですね。大雑把に申しますと、唯円というお弟子に対して、

「唯円房、お前はいつも私の話をよく聞いてくれるけれども、私の言うことならば何でも信じて、何でも言うことをきくか」とこう言います。すると唯円は、

「お師匠様のおっしゃることであれば、たとえどんなことでありましょうとも、私は違《たが》うことはありません」と返事をしました。その返事を、

「本当にそうか」と親鸞は念を押すんですね。で、唯円は、

「申すまでもございません」と言った。その一言を聞いた親鸞は間髪を入れず、

「じゃあ、人を千人殺してこい。そうすれば往生できるよ」と、こういうことを言うんですね。まあ、ひどいことを言ったもんだと思います。アメリカの人が日本には「人殺ししろ、救われる」というとんでもない宗教があると理解した、という話が嘘でなしに本当にあるんですよ。翻訳の仕方、というよりも了解の仕方によってはそう聞こえるんですよ、ここだけとりますと。

ひとを千人ころしてんや、しからば往生は一定《いちじょう》すべし　（歎異抄　十三条）

と言うんですからね。さっきまで、どんなことでもお師匠様のおっしゃることなら違えませんと言っていた唯円は、舌の根の乾かないうちに、

歎異抄　13条（該当部分）→ p.197参照
唯円（ゆいえん）
——鎌倉中期、常陸河和田の人。親鸞面授の門弟で、『歎異抄』の編・著者とされている。

「たとえお師匠様のお言葉とは申せ、私のこの身の力、器量では千人はおろか一人も殺すことはできません」と返事をしてしまいます。そしたら、それに対し親鸞は、

「じゃあお前、さっきなんで私の言うことをきくと言ったんだ」と。ちょっと意地が悪いみたいな言い方ですけれども、そう言って、「それでわかっただろう」と、そこから出てくることが宿業ということを明らかにする言葉なんです。

「私の言うことをきくって言い切ったのだから、千人殺してこい。往生できると私が言ったのだから。できないのは我が身の器量ではできないと弁解をしているけれども、器量の問題じゃない」。そして、

わがこころのよくて、ころさぬにはあらず。また害せじとおもうとも、百人千人をころすこともあるべし　（歎異抄　十三条）

ということまでおっしゃって、そこで「宿業」を語るんですね。

ところがこれは、親鸞自身も口にしなかった非常に大事なことを親鸞がはっきり主張したという形で、歎異抄が主張しているんですね。しかしやがて、固定化してしまい、とんでもない事柄になって動き出したわけであります。この宿業だけではなく、仏教の基本的な物の考え方は、我々が実体化から解放されるのでありますから、どんな立派な言葉・法則でありましょう

が実体的に捉えれば、それは執著《しゅうじゃく》の内容になるというのが仏教の大原則であります。

ですからたとえどんな物語がありましても、その物語は比喩的な要素であるというふうに了解していただくほうがよいと思いますね。仏教はいわゆる縁起《えんぎ》の法といわれますように、因縁つまり因と縁との和合によって事は起こるのであって、執著すべき実体は何ものもないというのが釈尊の教えであります。釈尊の教えを法則的に捉えて物事を明瞭になさった方に、龍樹《りゅうじゅ》というインドの大乗の論師がおられます。龍樹が『中論《ちゅうろん》』という書物をお書きになって、その中で「これがあるからして、彼があるのである。彼がないからして、これがないのである」と言っています。「ある」と執著しても縁が来ればなくなってしまい、「ない」といって執著しても縁が来ると事は起こるんだということです。だからすべては因縁の和合によって起こるのであって、あるのは因縁の和合という道理なんです。それ以外何もないのです。それにしがみついた途端に、その人間は、しがみつく心によって自分で苦しむわけです。

そういうことをふまえて申しますと、歎異抄の中では、あくまでも「宿業」という言葉が、「往生の信心」の内容として信心の行者の主体の内容として語られない限り、これが定型化し実体化されて一つの法則のように一人歩きしますと、とんでもないことになるんです。

どうなるかと言ったら、人間を縛る言葉になるんです。縛る言葉になった結果、やがて、徳川の幕藩体制における社会的犯罪へとつながっていくのです。親鸞聖人を開祖とする浄土真宗

龍樹（りゅうじゅ）
――150-250頃。大乗仏教の祖と仰がれるインドの論師。『中論』『大智度論』等多くの著作がある。親鸞は浄土七高僧の第一とする。

の教団が、幕藩体制の中に組み込まれ、いわゆる日本の社会制度が士農工商をはじめとする身分制度というものを確立していこうとした時に、この「宿業」という言葉が大変な犯罪的役割を果たしてしまったんです。というのは、宿業ですから、つまり昔したことが今を決めるのだと実体化してしまい、「今日、あなたがこういう身分でこういう所でこういうふうな境遇で生きていかなくちゃならないのは、前世の業《ごう》の報《むく》いなんだから諦《あきら》めなさい」と、簡単に言うとこうなったんです。

これについて、ひとり名前をあげて申しますと、中村久子《なかむらひさこ》という人がいました。幼い時に、突発性脱疽《だっそ》という病気にかかり、両手両足が熱で焼き切れていく病いに苦しんでいました。何回も何回も手術をして、ついに手も足もどんどん短くなり、だるま娘と言われて見世物小屋を転々とするような生き方をしたそうです。そんな中で親鸞聖人の歎異抄に出会うということがありました。そして七十二歳で亡くなられるまで、歎異抄、親鸞の教えを深く信奉して、一生を送っていかれたのであります。

その方が、はっきりこう言っておられます。「あなたは前世の宿業だからと言って、両手両足のない自分を諦めきれるかどうか。たとえ、そう言う人が立派な学者でありましょうとも、まずそれをおっしゃるならば、その学者の方が自分で手と足とを切ってからおっしゃってくだ

中村久子（なかむら・ひさこ）
――1897-1968。凍傷がもとで突発性脱疽にかかり、3歳の時両手両足を切断。日本のヘレン・ケラーといわれ、言語に絶する苦しみの中を積極的に生き抜いた。体験記『私の越えて来た道』等の出版物がある。

さい」と。そして「両手両足のない自分の身を諦めろと言われて、『はいそうですか』と諦められるものではありません。私は諦めきれない。諦めきれない我が身の宿業の深さを、お慈悲の光に照らしていただいて生きているのであります」と。

悲惨の極みを生きてきた中村久子さんが、宿業という言葉を使って人々に諦めを無理強いしてきた真宗の教えの過ちについて、ひとつの告発をしているわけです。しかも、我が身の宿業の深さをお慈悲の光で照らしていただくことによって、我が身の中で納得をするんだ、人から言われて納得するんじゃないんだ、ということを言い切っているんです。

この問題は、じつにさまざまな社会問題にも作用してきました。「前世の宿業だから」「前の世の種まきが悪いから」というような言い方によって、今の境遇を諦めろと無理強いした社会が実際にあったのです。この諦めろということは、当時幕藩体制下にありました教団が自己を保持していくために、また同時に幕藩体制を維持していくうえでひとつの役割を果たすために、積極的な作用をしていったわけですね。

ところが人間というものは、中村久子さんの一言ではありませんけれども、諦めろと言われて諦められるほど単純なものじゃないですよ。諦められないものを無理に諦めようとしたものは、やがて力になって爆発する。それは政治体制を維持していくには一番怖いことですね。その時に体制維持にとって都合よかったのが、浄土真宗のお浄土という考え方だったんです。今は諦めなさい、今諦めることが未来の浄土に往生することを約束するんだ、と未来の浄土をまた実体化したわけです。実体化された過去と実体化された未来との板挟みに、現在を生きている人間がいた。人間は、実体化された過去のために今日を諦めさせられていく。「諦められません」と言っても、「未来に浄土が待っているから、今は諦めなさい」と言われて、無理に諦めていった。言うならば、仏教がもっとも基本的に排除していったはずの「実体化」を積極的に持ち込んで、人間の過去を宿業と捉え、人間の未来に極楽浄土というものを夢見させることによって、今日を諦めさせていったのです。

先程も申しましたが、「宿業」ということは今回お話をする主題にはいたしておりません。しかし「浄土」ということがございますので、私はひとつこのへんで、そういう事柄についての誤解はなんらかの形ではっきり解いておかないと、親鸞聖人の教えを学んでいると言っている私自身の責任が果たせないという気がいたし、お話させていただいたわけです。

ともかく、実体化された過去と未来、それによって今日という事実しか生きていない人間に積極性を与えるということをしなかった、そういう働きを真宗の教団、そして教義がしてきたということが具体的にあったのです。何か挿入的な物の言い方でありましたけれども、ひとつ、念頭に置いていただきたいことです。

そしてそれは、特に徳川時代のような社会体制がきっちり決まった時代以前にも、その根はあったわけですね。いわゆる往生、浄土ということについての実体化ということがありました。それが臨終とか、臨終来迎というようなことについての儀式にまでもなっていったわけです。

「欠けたることがない」といって栄耀栄華《えいようえいが》を誇った有名な藤原道長《ふじわらのみちなが》が、「この栄耀栄華は、死んでからも続くだろうかと心配になってきた」と言うんですね。未来に至っても今の栄耀栄華を続けさせてほしいと言って、来迎仏《らいごうぶつ》と手と手を紐《ひも》で結んで死んでいったという有名な物語があります。あれは見事にそれを語っているわけですよ。未来の浄土、往生浄土という事柄を、今日の栄耀栄華の持続として世界を設定する。そこへ行くために往生という言葉が使われて、往生の具体的な証しとして来迎という形式となっていくわけです。このことと、宿業と往生極楽とが実体化されて社会的な差別を助長したということとは、じつは連続しているわけなのです。

積極的な人生

臨終《りんじゅう》まつことなし、来迎《らいこう》たのむことなし。信心《しんじん》のさだまるとき、往生《おうじょう》またさだまるなり。

（末燈鈔　第一）

藤原道長（ふじわら・みちなが）
——966-1027。平安中期の太政大臣。御堂関白と称された藤原氏最盛期の氏の長者。

と親鸞聖人はこう言い切っています。この一言、きつい言葉だということがおわかりでしょう。臨終を待って往生をする、来迎を頼んで往生が成就するというふうに考えてきた、そういう仏教がどれほど非仏教的なものかということをはっきり親鸞は言い切ったんです。信心が定まったならば往生が定まるんだ、そういうことを往生と言うんだ。だから、臨終を待つことも来迎を頼むということもまったくナンセンスだ、と言い切っているんですからね。そして往生とは、「必ず仏になるべき身」と定まるということである。そして、「仏になるまで」という言葉まで使っておいでになりますから、現在ここに生きている間に起こる事柄として、何ごとか人間に積極性を与えるものでなければ、往生という言葉の意味ははっきりならないと親鸞は言い切っておられるんですね。

ひとつ例としてお聞きいただきたいんです。これはひとりの、その頃まだ三十代すぎのご婦人ですけれども、子供さんが脳腫瘍《のうしゅよう》にかかったんですね。小学校の三、四年生の頃の脳腫瘍というのはわりあい多いんだそうです。その子が脳腫瘍にかかりまして、両眼が完全に見えなくなってしまった。お医者さんもとうとうお母さんに、「手は尽くした。尽くしたけれども、もう今の医学ではどうしようもない。残酷なようだけれども、お母さん、もう覚悟をしていただきたい。あと十日、もつかもたないか保証はできません」と言った。お母さんも子供の前ではなんとか勇気づけようと思っているのですが、子供というのは非常に勘が鋭いものです。ちゃんと自分の死を感じていたわけですね。で、見えない目でお母さんのほうを向いて「かあちゃん、ぼく死んだらどこ行くの」と聞くんだそうですよ。母親は子供に言うというよりも、自分を勇気づけるように、「坊や、そんなこと言うもんじゃないよ。きっと治るから」。すると、子供さんは非常に淋しそうな顔をして横を向いてしまう。しばらく経ちますと、また「かあちゃん、ぼく死んだらどこ行くの」と言うんだそうです。それでまた同じことを繰り返して、お母さんは勇気づけたそうです。でも、やっぱり子供さんは同じように淋しい顔をしてしまう。それで、三回目にまた「かあちゃん、ぼく死んだらどこ行くの」と聞いた。とうとうお母さんが辛抱しきれなくなったんですね。なぜかといったら、言ってることが嘘だからですよ。「もうすぐ治るから、もうすぐ治るから」と言いましても、お医者さんからもう治らないと宣告を受けているんですからね。言ってることの内容がいくら親心でありましても、嘘は嘘なんです。その嘘に耐えきれなくなって、お母さんが、「坊や、死んだら仏さんの国へ行くんだよ」と言ったそうです。そしたら今まで淋しそうな顔をしていたその坊やが初めてニコっと笑って、「じゃあ、かあちゃんも来るね。ぼく待ってるよ」と言った。お医者さんが言ったとおり、それから一週間足らずで息を引き取っていったんです。

その日からそのお母さんは、非常に熱心に教えを聞くようになったんです。その時私はたまたま、そのお母さんに出会ったんですけれども、非常に熱心なので目につく方でした。座談会の時にその方は、「私はどうしても、浄土に往生できる人間にならなくてはならないんです。なぜなら、もし私がそうならなければ、坊やに嘘を言ったことになります」とはっきり言い切っておりました。私はその一言を聞いた時、そのお母さんの中に浄土が実体的に未来にあると考えておられるか、おられないかというようなことを詮索するまでもなく、そこには生きた宗教の事実がいきいきと息吹いていると感じました。そして、その方が教えを聞いている姿の中に私自身が感じましたのは、「往生ということはこういうことなんだな」ということでした。

今まで、目の中に入れても痛くないと思って育てていたかわいい子供が、まったく思いがけない脳腫瘍という病気で自分より先立っていったわけです。でも、お母さんはその後も生きていかなくちゃならないわけですね。言うならば、生きた子供の母親として生きてきたお母さんの生き方は終わったんです。しかし今度は、死んだ子供の母親として生きていかなくちゃならない人生が始まったんです。そこに新しい転換があるわけでしょう。もしその転換を立派に切り抜けることができないといたしますとね、結局、死んだ子供の年を数えるようにして、後の一生を無駄にしていくということになってしまいましょう。そこに私は往生という言葉の積極性があると思いますね。

往生の「往」は「往《ゆ》く」という字ですから、「止まる」の反対です。それこそもう動けなくなったという「立ち往生」とは全然意味が違うのです。字を見たら、誰でもわかる字です。「往く生」と書いてあるんですから。今はここに留まっているけれども、留まるところが開けて、そして新しい人生へ一歩をすすめることができる。そういう意味ですよね。

そしてやはり、「生」という字は私たちの日常使っている用法として三つの読み方をいたします。一つは「生きる」ということであります。しかし、もう一つ「生まれる」という意味で使いますね。もう一つには「生む」という時もやはり「生」の字を使いますね。

事実、生きるということで「生活」と言えるでしょう。しかし生きることの中には、生まれる、生むの二つの要素があると言ってもいいと私は思うのです。生まれるとはいったい何かと言ったら、「いつでも新しい私に生まれる」ということがひとつあるでしょう。古い私は死んで、いつでも新しい私に生まれる。先程のお母さんの例で言うならば、生きた子供の母親としての自分に死ななくてはならない時があったわけですよ。そして死んだ子供の母親として生きていかなくてはならない自分に生まれるということがそこにあるわけです。私流に言うならば、「つねに古い自分に死して、新しい自分に再生をしていく」。そういう積極的な人生の内容をもった事柄を「往生」と言うのでしょう。と同時に私は「生む」という言葉も、その中に積極的な意味をもつと思います。何を生むのかと申しますと、先程の例に託して申しますならば、死んでいった子供の死を新しい私の人生の中に、命あるものとして生んでいくのです。死を無駄にしないんです。そういう積極性、それが往生の「往」という字のもっている意味でしょう。「往《ゆ》く生」ですね。往くという言葉の中にある「生」――具体的には生きるということですけれども――の内容が「生まれ」であり「生む」ということであるという内容をもって、生というものの積極性がはっきり示されている。それが往生ということだろうと思いますね。

ある人が往生という字を「拓《ひら》け行く人生」と現代語に翻訳をなさいました。見事な翻訳だと思いました。本当に拓け行く人生なんですよ。私流に申しますと、「無限に再生をしていく人生」だと。そういう人生というのは、命の終わる時まで無限に再生をしていく、そして命が終わる時が一番新しい私になって、一生を終わっていくというものなのです。こういう人生を往生と言うと、親鸞聖人は言い切ったんだろうと思います。人間は、今日は生きておりましても、どういうことが起こるかわからないわけです。ですから、どういうことが起こっても、起こったことを十分に自分の人生の中で有意義なものとしてうなずいて、新しい自分になるということが明らかになる道がそこに示されないならば、人間の人生なんて本当にこれは無駄使いなのかもわかりませんよね。親鸞が一番恐れたのは、そのことなんですよ。「空《むな》しく過ぎる」、その一言が親鸞のもっとも恐れたことです。

そして、親鸞聖人が共に生きた田舎の人々がいます。

いし・かわら・つぶてのごとくなるわれらなり。

(唯信鈔文意《ゆいしんしょうもんい》)

唯信鈔文意(ゆいしんしょうもんい)
――1250(建長2)年、親鸞78歳の著述。法然門下の法兄、聖覚法印作「唯信鈔」にある経釈に注釈を加えたもの。真実の信心、本願他力、阿弥陀仏などをわかりやすく解説している。

と親鸞が言い続けた、あの最底辺を生きている人たちに何を語りかけるかよって、この人たちの人生が無駄にならないのだろうかと問い詰めていくなかで、往生ということもここまで徹底したんだと思います。この人たちと共にいったい何を明らかにすればいいのか。無意味ではないということを一人ひとりが自分の中でうなずけるような何事かを明らかにする、という一点に事を集中していけばいいのだ。これが親鸞の往生ということについての大きな徹底だと思いますね。だから、人間の人生には無意味ということはないんだ。なぜかと言ったら、一つの事柄は必ず新しい人生を生産していき、その内容となるんだ。だから、無意味と思うことはあっても、無意味という事実はない。失敗と思うことはあっても、失敗という事実はない。事実はいつでも、新しい私を生んでいく内容となるべくあるのだ、と。だからそういう意味では、無限に再生をしていく人生、これが往生だと、こう言い切っていいと思います。

本願を聞く耳になる

さて、もうひとつそこで、その根っこを押さえる形で申しておきます。無限に再生をしていくと申しましても、まだ抽象的ではありませんか。やはり哀《かな》しいことです、子供が死んだことは。自分も一緒に死にたいというところでしょう。やはり、これも無理な注文ということになりませんでしょうか。

ところが、親鸞聖人は、その一点をどこで押さえたかと申しますと、

かの如来《にょらい》の本願力を観ずるに、凡愚《ぼんぐ》遇《もうお》うて空《むな》しく過ぐる者なし。（入出二門偈頌文《にゅうしゅつにもんげじゅもん》）

こういうふうに言っておられます。「入出二門偈頌文《にゅうしゅつにもんげじゅもん》」は親鸞が八十四歳の時に書かれた漢文の偈文であります。「かの如来」というのは阿弥陀如来です。阿弥陀如来の本願力、この「力」というのにもよくご注意いただきたいんですが、だいたい仏教で「力」という字を使います時、いわゆるパワーという意味の力ではなくて「働き」という意味なんです。ですから、「かの阿弥陀如来の本願の働きをみそなわしてみると、愚かなこの私が、愚かなこの人間が、その本願の働きに遇《あ》うことによって、空しく過ぎることのない人間になる」と、こう言い切っているんですね。とすると、往生を成り立たしめている根拠は何かと言いますと、本願の働きに遇うということなんですよ。

これは面白いですね。親鸞聖人は、「信心」を「聞く」とイコールで結んで了解しておられます。

本願をききてうたがうこころなきを「聞《もん》」というなり。また、きくというは信心《しんじん》をあらわす御《み》のりなり。（一念多念文意）

と言っています。つまり阿弥陀の本願を聞いて疑う心がなくなったことを「聞」と呼ぶのであり、また「聞く」ということは「信心」ということを表す事柄なのだと、こう言っています。

入出二門偈頌文（にゅうしゅつにもんげじゅもん）
——1256（建長8）年、親鸞84歳の著述。世親『浄土論』を中心に、入門（自利、往相）出門（利他、還相）二門の功徳を漢文で述べている。

ですから、「親鸞聖人、信心ということを一言で教えてください。いろんなことは結構ですから、一言で教えてください」と親鸞聖人にもしお尋ねをしたとしますと、親鸞聖人の答は「信心とは聞くということだ」と、ここへ納まってしまうんですよ。

じゃあ、何を聞くんですかと言ったら、「阿弥陀如来の本願の働きを聞くんだ」とこうなんですね。「じゃあ、その阿弥陀如来の本願って何ですか」と、だんだん聞きたくなるわけですよ。聞きたくなりますけれども、少々時間がありませんので、もうちょっと手近なところで阿弥陀如来とはどういう働きなのかということを語っている経典がございますから、その経典の言葉で申します。

それは「仏説観無量寿経」という経典であります。この経典は面白い経典なんです。ある王宮でクーデターが起こったんですよ。その王宮にはビンバシャラ王と、ビンバシャラ王の奥様イダイケという名の夫人がおりました。そのご夫婦は非常にお釈迦様を尊敬して、帰依をしていたんです。ところが、お釈迦様のいとこにダイバという非常な知恵者がいたんですが、そのダイバがお釈迦様を妬《ねた》んでいたのです。ビンバシャラ王とイダイケ夫人との間にできた跡取りになるアジャセという太子に、ダイバはあることを吹き込むんですね。いわゆるさっきの宿業の元になるような実体的な話だったんです。

仏説観無量寿経（ぶっせつかんむりょうじゅきょう）
――全一巻、「観経」と略す。釈尊が韋提希（イダイケ）夫人に対し、阿弥陀仏とその浄土の荘厳を説いた経典。浄土三部経（大経・観経・小経）の一つ。

「あなたはとてもお父さんやお母さんに孝養を尽くしているけれども、じつはその孝行は何もする理由はないんだ。あなたのお父さんとお母さんはあなたを欲しくて生んだんじゃない。だから生まれてこないようにと計らって、高殿《たかどの》からあなたを殺そうと思って生み落とした。ところが、あなたは幸いにして死ななくてもいい運命にあったので、小指を一本折っただけで生き残ったんだ。その証拠にあなた、指を見てごらん。一本指が折れているでしょう。だから、親孝行する理由なんかないんだ。それよりあなたほどの力をもっているんだったら、私と組んではどうか。新しい仏教の王者となる私と、新しい政権をもった国王とが手を握りあったら、すばらしい国になるだろう」とふっかけるんですね。

それをまあアジャセは本気にとって、クーデターを起こしました。そのクーデターで悲劇の中心になったのがイダイケなんですね。自分の夫は牢獄で殺され、自分もまたその夫を救おうとして、息子によって一室へ閉じ込められる。その悲劇のどん底からイダイケはお釈迦様に、阿弥陀の浄土を教えてくださいと頼むのです。それに対して十三通り、阿弥陀とはどういう方であり、阿弥陀の浄土とはどういう所だということをこんこんとお釈迦様が教えてくださるんです。その十三通りの十三番目（第十三の観）のところに、

阿弥陀《あみだ》仏、神通如意《じんずうにょい》にして、十方の国において変現自在なり。（仏説観無量寿経）

という言葉があるのです。阿弥陀とはどんな人かと言ったら、非常に自由無礙《むげ》な方であって、

どんな所へでも変幻自在でいろんな姿をとって現れてくださるもんですよとおっしゃったんです。これは何でもない言葉のようですが、阿弥陀という働きの具体的事実を示していると思いますね。「阿弥陀様」と言いますと、何か実体的に捉えてしまいますけれども、変幻自在だと言うんですからどんな格好をしてくるかわからないわけですよ。時によると、私にとって一番不都合な格好をしてやってこられるかもわからない。

そして、その変幻自在の阿弥陀の本願とは何かと言ったら、阿弥陀がどんな姿をとって自己を表現しても、それは必ずそのひとりの人に対する願いの表現であるというんです。つい何か「阿弥陀様」という実体的な仏様がいて願いをおこしてどうのこうの……というふうに考えがちですけれども、それはこちらの勝手な考えなんです。阿弥陀は絶対無限なのでありますから、絶対無限なる本当の願い、それが阿弥陀の働きなんです。

もうひとつ、例を出してお話ししましょう。新聞にあります投書欄に、ひとりのお母さんが書いていたんですが、それはこんな話なんです。

親一人子一人で、娘さんを高校三年生まで育てあげたお母さんなんです。そのお母さんが母の日に娘さんからプレゼントをもらったという、それだけのことなんです。ところでそのプレゼントが何だったかというと、ひとつの箱に紅白のリボンがついていたんですね。開けてみたら、中にまた五つ箱がありまして、五つ全部にやはり紅白の紐《ひも》が結んであったというんです。そのへんがお嬢さんらしいですね。そして一番最初の箱を開けてみたら、ウェハースが二枚入っていた。そこに紙が入っていまして、「いつまでも若くね」と書いてあったと。娘がこんなことを考えているんだなと初めは思っていたらしいんです。その次の箱を開けたそうです。そうしたら、厚焼きせんべいが出てきた。それも一枚きりですけどね。それには、「バリバリ」と書いてあったそうです。その次の箱を開けましたら、ビールをたしなまれる方はつまれると思いますけれど、ちょっとピリっと辛いあられが三つぶ入っていた。そして「ちょっぴり辛く」と書いてあったそうです。そして、四つめの箱を開けましたら、マシュマロというふわふわのお菓子が出てきたんです。そして、その箱には「やわらかくね」と書いた紙が入っていたそうです。そこまで開けましたら、はじめは娘も変わったことをするなと思っていたお母さんも、涙がとめどもなく流れ出てきたというんですね。

そして一番最後の箱を開けましたら、中に紅白の角砂糖が一個ずつ入っていて、そして「あま〜くね」と書いてあったそうです。それだけの事柄です。その事柄について、そのお母さんが、「私がこの子に願いをかけて育ててきたことは、よくわかっておりました。しかし、こんなに大きな願いが私にもかけられているということに、今日の日まで気が付きませんでした」。これが、「母の日のプレゼント」という投稿欄に出ていたひとりのお母さんの文章なんです。

私は、それを読みました時に、

阿弥陀仏《あみだ》、神通如意《じんずうにょい》にして、十方の国において変現自在なり。（仏説観無量寿経）

ということ、そしてその阿弥陀の本願が何であるかということを身近かに思い知りました。何でもないことでありますが、その何でもないことにも阿弥陀の本願という働きがある。その本願に遇ったからそのお母さんには、別に真宗の信者でもなんでもない方なんですが、新しい自分に再生していくという事実が起こってくる。投書に書かれていた事実を通して、非常に具体的に教えてもらったという経験が今でも心の中に残っているのです。

そういう意味では、本当に人間の生活全身が耳になるのですね。何の耳になるのかといったら、本願を聞く耳になる。何の本願かと言ったら、絶対無限の願いを聞く、そういう耳を全身をもって生きる。これが、往生人の根っこにある事柄でしょう。それによって、起こってくることが「往生」という事実なんです。無限に再生をし、無限に新しい私になり、無限に無意味ということから自己を奪還していく。そして命の終わる時、その時が一番新しい自分になって一生を終わっていけるという本当に能動的な、本当に積極的な人生。それが往生なんですね。少なくとも親鸞聖人は、そういうことを往生と言っておられるのです。ですからそういう「往生」を一人ひとりに与えていくことを「信心」というのです。

ということになれば、その信心は、Aの人の信心はAの人で完結をする、Bの人の信心はBの人において完結をする。だからそれが同じということは、Aの人とBの人との信心が同類だということではない、同質だということを言うのです。Aの人がAの人として自立し積極的に生きる、Bの人がBの人として自立して積極的に生き切る、というような人間を生み出す「信心」。その信心において同質だということを「信心が同じだ」と言うんですね。もしそのことと違う事柄を信心と言うのであるならば、異なりとして歎かざるを得ない。「往生の信心」とわざわざ親鸞が言った言葉を通して、信心が同じということの問題を押さえておこうとした歎異抄の作者の見事な、そして非常に具体的な確かめであると、こんなふうに了解をしていくことができるのではないかと思います。

信心という事柄は、決して消極的で弱々しいなよなよとしたものではなくて、信心こそが人間を積極的にする、信心こそいかなる人間をも平等に積極的にするものだと言えるでしょう。と同時に、人間の真の平等性と一人ひとりの人間の独自性、その両方を同時に成就していく心根、それが信心なんです。そういうことが「往生の信心」だと親鸞聖人はおっしゃってくださった、というふうに歎異抄の作者が言い切っているのだと、こう了解をさせていただけるんじゃないか。そんなことを今日はお話ししたわけであります。

第4回講

確かな愛と信頼のなかを生きる

確かな愛と信頼のなかを生きる

前々回、前回は引き続いて、歎異抄の一番中核になる「信心は一つである」、「信心が同じである」ということについてお話をしてまいりました。

歎異抄の文章で申しますと、跋文の冒頭に出てまいりますところが極めて特異な形態をとって、そのことを私たちに知らせようとしているのですが、親鸞聖人が師匠法然上人の門下にいた時のひとつのエピソードを手がかりにして、お話が進められていきました。

親鸞聖人がわざわざ「往生の信心」という言葉で、信心が一つだということは往生の信心が一つだということであって、それ以外のことについて一つだとか、同じだとか言っているのではないということをはっきり言い切ってくださいました。そういう意味で、往生の信心ということが起点になっています。ここで言うところの信心とは何かと言ったら、人間をして往生人にするという事実を信心と言うのであります。親鸞聖人はこういうふうに押さえて、語りかけ、そして確かめていくという形で歎異抄の作者は問題を提起しているわけです。先回はその「往生」という事柄を中心にお話をしたわけであります。

これは歎異抄という一冊の書物の問題というだけではございません。特に浄土教という言葉で呼ばれておりますす仏教の、一番中心になる事柄が「往生」だと申しても言い過ぎではないと思います。歎異抄で語っていることが、歎異抄の特別な問題という意味ではなくして、浄土教という仏教の性格を決定する言葉である「往生」という事柄で語られているんだと言えます。

法然（ほうねん）→ p.55参照

ですから問題はかなり広くて、大きな問題だというふうにお考えをいただいたほうがいいと思います。そして、その往生という言葉を、親鸞は基本的にどんなふうに確かめたのかということを先回はお話ししたわけであります。

往生という言葉は、浄土教の歴史の流れの中でも、親鸞聖人が基本的に押さえて語ったような了解にまで徹底することは、決して容易なことではなかったわけであります。ある意味では、人間の肉体の滅び・死と即イコールに了解される傾向が強かったわけです。ところがそういう使われ方は、親鸞の文章の中でもまったくゼロだというわけではないのですが、どのように表現しているとしても、表現しているその人自身にその事柄についての執著があるかないかによって、事はまったく違うということだと思うんですね。これは非常に大事なことだと思います。

例えば往生ということで申しますなら、今日では日本は教育によって識字率は非常に高くなってまいりましたけれども、かつての親鸞の教えを聞いていた人たちの中には、文字の心もわからないで教えを聞いていた人たちが多くいたわけですね。そしてその人たちが「お浄土へ往生させていただきます」と言った時に表現された事柄は、自分の命の終わりをそこで表現しているということはあると思いますね。しかし、その時の例えばひとりのおばあさんの一言は決して、実体的に死んだ後どこかに自分を楽しませてくれるような世界があって、そこへ行くのが往生だと分析して言っているわけじゃないでしょう。むしろ「これで浄土へ往生させてもらいます」という一言の中に「十分生きました、十分生かしていただきました」ということが語られているわけですね。

逆に申しますと、昔の人のそういう表現だけを捉えて、極楽とか浄土とかいう実体の世界を想定して、そこへ行くことを往生と考えたと分析をして、「だから昔の人は迷妄であった」と今日の人が批判するといたしますと、問題は批判されている昔の人にあるのではなくて、批判している側にあるのでしょう。なぜかと言ったら、おばあさんは別に実体だとは言っていないんですから。ただ浄土へ往生させていただきます、あるいはお浄土まいりさせていただきますと、こういう表現をとっただけです。決してそれについておばあさんは弁明も解説もしていないんです。それを現代の知識人が勝手に分析して、「往生と言った時には、極楽という実体の世界へ行こうと思っていたんだろう」と勝手な想像をする。これは言ってみれば越権行為なんですね。言うならば、昔の人の純粋な宗教感情の中で語ってきた宗教心の中へ土足で踏み込んだ、現代の知識人の思い上がりですね。

こういう問題がやはり私にはいつも心の奥のほうにありまして、私の気持ちの中ではできるだけその一線を踏み越えないようにしながら、事柄の道理としては、できるだけ正確に押さえていきたいと、こんなふうに思いながらお話をしているわけであります。

どう救われるか

親鸞聖人によってなされた「往生」という事柄の基本的な確かめ、それを私の言葉で言い換えるとどうなるかと申しますと、先回申しましたように「つねに新しい人生」と言い切っていいのじゃないかと思います。言葉を変えますと「つねに新しく、拓《ひら》けて行くような人間生活」、それを往生と言うのだと。ですから、人間にとって往生という言葉が本当に具体的に人間の救済・救いということを成り立たしめるとするならば、救いはどんな意味におきましても、今日ただ今のことでなければ意味がないわけですね。「いつか救ってあげましょう」というのは、夢のまた夢であります。空手形でありますから、やはり救いとか救済という言葉が使われる限り、それはいつでも今日ただ今のこととしてきちっと証しをされていかなくては無意味だということです。

これはもう、特に理屈を言わなくてもそういうことだと思います。例えば、怪我をしてお医者さんへ行きますと、お医者さんがそこで治療をしてくださって今治るということがなければ、治療して治ったとは言えないでしょう。「いつか治るでしょう」ということでは「治療をして治す」と言い切ることはできないわけですね。そういう意味では極めて単純素朴なことで、考えなくてもわかるほど明々白々の事実が、案外、宗教ということの中ではわからなくなるという、あんまりよくない性格があるわけであります。救済・救いというようなことも具体性をもたなくてはならないのです。といたしますと、親鸞は文字どおり人間の救済ということの内容として「往生」という言葉をしっかりと押さえたのだと、こう言っていいと思います。

「救われたいと思います」という方がたくさんおいでになります。私のような理屈を言う者の所へも時々来られます。だいたい私たちは、どういうことをもって救いと考えているのでしょうか。私は時々冗談のように、そんな話をするんです。私が最初に申しますのは、「結構ですよ。私でできることなら何でもやりますし、言いましょう」。けれども「どんなふうに救われたいんですか」と聞きますと、「それがわからないんですよ」と言うんです。このへんが宗教の危なさと申しましょうか。宗教が悪く作用しますと、宗教が人間の方向を誤らすことになるわけですね。宗教という言葉で呼ばれている事柄にも問題がございますけれども、宗教を求める私たち一人ひとりのほうにも問題があるわけです。「救われたい」、それはわかるんです。しかし、どう救われたいのか、どうなることが救いなのかということについて、求めている心が曖昧《あいまい》であるということがあるのですね。

親鸞聖人はそういう救済についてのことを、はっきりさせておかなければならなかったのです。なぜなら、親鸞が生涯を尽くして共に生きた人々は、当時の社会状況の中では最底辺を生きると言われていた人々であります。その人たちに嘘は通用しません。その人たちが今生きている真っただ中で、親鸞の語りかけこそ「これが救いだ」と心の中にはっきり、身にずしっとこたえるような形でうなずけなければ、親鸞自身がその人たちと共に生きることさえできなかっただろうと思います。いわば真剣勝負の中で、人間にとって救済とは何かということを問い詰めていって、その中で、長い浄土教の伝統の中にあった往生という言葉の具体的な意味を親鸞は見出してきたんだと、こんなふうに私は考えます。

さて、人間というものは一人ひとり生きております。しかし、ひとりと申しましても、ひとりということにおいてお互いに命を共にしている関係を生きている、ということは明らかであります。しかし、関係を生きている人間はひとりなんですね。ですから、そのひとりにおいて責任をもって尋ねていくことがなければ、救済ということは非常に曖昧になっていってしまうんですね。私が思いますのは、救いということが本当に具体性をもつとしますと、人間が生きている現実に何ごとかの不足部分をもち、その不足部分を補填《ほてん》してもらうことが救済だと考えるようになる。といたしますと、これは無限に追いかけていっても決して補填されることはないんじゃないでしょうか。なぜかと言ったら、求めている心が不足の心だからなんです。求めている心自体が満足をしない心であると、ある事柄を補填してもらうと満足するんじゃないだろうかと、その満足をしない心で求めてしまうものですから、こちらが不満足の心で求めていく限り、どういう状況がきても、不満足の心自体は全然変わっていかないんです。だから、「不足を補填してくれるであろう」というような思いで求めていくところに救いがあるというならば、それは非常に勝手なことだと言わなくてはならないと思います。

同時に反対のことも言えると思います。人生には自分の思いどおりにいかない「余分な」部分が多くあり、「それを取り除いてくれると楽になるんだがなー」という思いがあります。こういう要求を救済に託して求めていくこと、これもやはり無理な注文じゃないでしょうか。それが社会問題、あるいは経済的・政治的な、ともかく外的な事柄の場合は問題が違います。しかしあくまでも宗教というのは、人間という総体を自己の中で生きているひとりの人間の問題であります。ひとりのいわば物質化されない精神の問題でありますから、不足分を補填してもらえばそれで十分というわけにもいかないし、あるいは余分な部分を取り除いてもらえばそれで十分というわけにもいかないものでしょう。

むしろ、今、ただ今の自分自身の中に完全な充足が実感されるということ以外に、宗教における救済の意味はじつはないんだと、こう言い切っていいと思います。不足ばかりの状況に生きている人間、つまり二重にも三重にも重い荷物を背負わされて生きている人々に救済を明らかにしようとした時、それを取り除く作業をもって救いが成就するというような夢を見ることはできなかった。あるいは、その不足部分を補填して埋めていったらやがて満足してもらえるだろう、というような精神の物質化を促進することで救いを語ることはまったくできない状態の中に親鸞はいたのです。そこで親鸞は、本当の救いとはいったい何なのかということを、その人々と共に生きていく中で問い詰めていったわけであります。

そういうことで申しますと、親鸞にとっての救済の内容として押さえられました「往生」ということが、私の言葉で言うと「無限に再生し、無限に再生して命の終わる時をもって、一番新しい私として生涯を終わっていけるような充足した人生」、それが往生ということのもっている具体的な救いの命だと、こう言っていいのではないかなと思うわけであります。

慰めでなく解放

「宗教」という言葉で語られている事柄がいわゆる人間を慰めるという仕事をするだけだとしたら、私は宗教というものは人間にとって決して有益だとは思いません。そうでしょう。人間というのはみんな慰めてほしいわけですよね。誰かに慰めの言葉を掛けてもらえないかなと待ちつづけているわけですよね。ところが、慰めの言葉を聞いたら、本当にその人は悲しみや苦しみから立ち直れるのかというと、案外逆の場合が多いんじゃないでしょうか。慰められるほど悲しみの度合いが深くなり、辛さの度合いが深くなって、自分の足で立てなくなるんじゃないでしょうか。慰めもまったく無意味だと言い切るわけにはまいりませんけれども、もし宗教の命とする事柄が単に慰めであるとするならば、これは下手をいたしますと、人間を本当に自分の足で立って歩く人間にさせないようにする、そんなことになりはしないかと私は思います。そういう意味では、宗教の真実ということがあるとするならば、宗教の真実は決して単なる慰撫《いぶ》、慰めではない。そうではなくして、あなたはあなたの足で立てるあなたになってください、とこう語りかけるものでなくてはいけないと思うんですね。

私はひとつの経験をもっております。戦争当時のことを話さないのが私の長い間の生き方でありましたけれども、もうそんな当時のことも思い出になり、本当に風化状態を起こしましたので、お話しするわけです。

私は、大砲という兵器を扱う兵隊でありました。小型の砲を扱う兵隊の作業の中に、いわゆる分解搬送と申しましたけれども、バラバラに大砲を分解して野山を担《かつ》いで歩くという、そういう種類の作業があったわけなんです。砲芯が百キログラムあるんです。ある時、「その大砲の砲芯をひとりで担げ」と言われたんですよ。今流行《はや》りのボディビルでもやっている人とか、相撲の強い人とかならまだしも、私のような非力の人間が百キロの砲芯をひとりで担ぐなんてことはとてもできません。ところが、やらなくてはいけないんです。たしかに百キロを地面から肩に持ち上げるというようなことはとてもできません。けれども、二人の人が両端を持って、肩へ乗せてくれて、担ぐわけです。そして「一歩でも歩け」と言われるんですね。

とてもそんなことできるものじゃないと頭っから思っておりましたけれども、軍隊というところは「できるものじゃない」では許してくれません。やらなくてはならないわけです。そうなると人間というのは不思議なもので、一《いち》か八《ばち》かやってみようという気になるものなんですね。そうなりますと、重い物を背負う体のすえどころと申しますか、そういうことは教えられなくてもわかってくるものなんですね。二人の同僚が両端を持って肩へ乗せてくれまして、ぐっと担いだのです。担げたんですよ。そして一歩歩けと言われましたから、一歩歩きました。途端に落っことしてしまいましたけれどもね。しかしとにかく一歩歩けたんです。で、どうして担げたか、どうして歩けたかと私自身考えてみましても、決してできるはずがないことです。しかし、事実はできたんですよ。

私はその時以来、そのことがずっと心の底にあるのです。人間ができないと言っているのは、「できない」のか「やらない」のか。よほどきっちりと吟味しないと案外わからないものだと。「できない」と言って甘えていることがあるのではないかと、その頃から今でもずっと思っているのです。

やはり救いということもそうだと思いますね。荷物を目の前にして見ておりますと、とてもこんな荷物を背負っては生きていけないと思って、慰めを求めるんでしょう。その時、「ああ、お気の毒ですね。それは重荷でしょう。人生を歩くのは大変でしょう」と言われれば言われるほど力が抜けていくんじゃないですか。いよいよ私にはこんな重荷は背負えない、ということになるんじゃないでしょうか。その時、「できるかできないか、いっぺん背負ってみなさい」と一言言われて背負ってみたら、見ていた時の重量と、そして肩へ乗せた時の重量は、天と地ほど違うんですね。

だから、救いということをその道理で申しますならば、重たいと考えるその思いから解放されればいいわけです。よし、これは私の人生なんだから、つぶれるかつぶれないかわからないけれども背負って歩いてみよう、という人間になることが救いなんでしょう。そういう意味では、往生ということも私は、一歩歩き出す力を与えていただくということが往生だと申しても決して間違いではないと思います。また親鸞がことさらに「今日の救い」ということを往生の中できちっと押さえたのは、文字どおり背負っていけないような重荷を目の前にして苦しんでいる人たちの救いとは何であるか、ということを問い続けた果てに、「あなた自身があなたの力で一歩でも歩いてみなさい、するとあなたは前のあなたとは違う力をもったあなたになりますよ」と、その人々との真剣勝負の語り合いの中で確かめた言葉が、親鸞聖人の往生ということについての了解だと私は思います。
そういう意味では、本当に無限再生の人生だと言っていいと思います。

先回も申しましたように、昭和四十三年に七十二歳で苦難の一生を終えられた中村久子さんという女性がおいでになりました。中村久子さんは、三歳の時から両手両足がないという大変なハンディキャップを背負いながら、七十二歳まで生き続けた方なんですね。苦しみ続けたその中で歎異抄に出会い、親鸞聖人の教えに出会い、さらにはもっと広く自由に宗教の真実に触れていかれた方なんです。この中村久子さんが亡くなられる前の年、昭和四十二年に、ある新聞に自分の一生を振り返って、こういうことを言っておられるんです。

「私を救ってくれたものは、手足のない私の身体であった。逆境こそ私の善知識《ぜんちしき》であった」
(「中部日本新聞」より中村久子の言葉)

と、こう言い切っているのです。善知識と申しますのは、仏教の特別な用語で、教えを語りかけてくれ、救いの方向を差し示してくれる先生のことです。つまり中村久子さんの言葉は、「私を救ってくれたのは、たしかに仏法であり、親鸞の言葉であったに違いないけれども、もっと具体的に私を救ってくれたのは手もなく足もない私のこの体だった」と語っているのです。この体で生きていくということはやはり逆境を生き続けることでありますから、その生き続け

中村久子(なかむら・ひさこ)→p.96参照

る逆境こそ、私にとって真実の道を生きる人間にしてくれた先生であったと。言うならば、自分の両手両足のない逆境を、中村久子さんは有り難く頂戴をしておられるわけです。その逆境の身を私有化していないわけです。本当に頂いているわけですよ。頂いたそれが、この世に生まれてきて、人間として生きるということの一番大切な意味を教えてくれた一番身近な先生であったと、こう自分の命を拝んでいるんですね。

私は、そういう方がいるからそうならなくちゃならないという話をしているのでは決してありません。そんなことをお話しいたしますならば、中村久子さんに対して本当に申し訳のないことになってしまいます。そうじゃなくて、そういうふうな逆境を善知識と仰いで生きたひとりの方がいるという事実。その事実が私たちに「救いとは何か」、したがって親鸞が確かめた「往生が救いの内容だ」ということのもつ意味が、どのくらい深く徹底した具体性をもったことなのかということを知らせてくれるわけであります。やはり人間というものは、それぞれが違うというだけじゃなくて、違い方がまったく予測がつかないところに生きているという事実があるわけですね。

縁を生きる

歎異抄の中の言葉から十三条と六条と九条の言葉を、これから示してお話しいたします。なぜこれを引用するかと申しますと、特に人間が生きるということ、そして生活をしているということとはどういうことなのかを教えてくれる、非常に重要な言葉だからであります。

これらは、人間というものはなんのかんの申しましても、縁のもよおしによって生きているのだということを教えてくれています。仏教では「因縁《いんねん》」ということを申します。そして、もちろん親鸞聖人もそうでありますが、人間存在の了解の一番重要な要素は「縁《えん》」ということなんですね。日本人は日常用語の中で「ご縁がありまして」などとよく使います。縁談が成立した時なんかも「ご縁があります」と日常語で使いますから、わかりやすいですね。でも外国の人には「縁」というこの言葉は了解しにくいものなんです。翻訳も非常に難しいようです。

私たち日本人は西洋の物の考え方に染められておりますけれども、でも根っこには日本人、あるいは東洋人の考え方がありますから、「縁」という言葉が生きているのです。西洋の物の考え方はどちらかと申しますと合理主義という言葉があてはまるような、いわゆる因果の理です。縁というのは、条件みたいなものが横から加わるものなので、どうもすんなりと了解しにくいようですね。特に縁ということを親鸞がこう語っていたという形で、歎異抄は、縁ということこそ人間という存在の固定化と実体化を取り除く非常に大事な要素なんだ、ということを教えてくれるわけです。

まず、これは十三条の言葉であります。

「さるべき業縁《ごうえん》のもよおせば、いかなるふるまいもすべし」とこそ、聖人《しょうにん》はおおせそうらいしに

（歎異抄　十三条）

と、こう言っています。十一～十八条までは歎異抄の作者自身の言葉で書かれておりますから、その中に親鸞聖人が語った言葉を出してくるわけですね。ですから、「『さるべき業縁のもよおせば、いかなるふるまいもすべし』と、このように親鸞聖人は教えてくださいました」と言っているわけです。

「業縁のもよおす」の「業」という言葉も非常に難しい言葉と言いますか、やっかいな言葉のようです。まずは「業」という言葉の一番素朴で単純な意味は「行為、生活」だとお考えになってみてください。それで「業縁」とは、そういう生活を成り立たせる縁だということになりますから、縁というのは「条件」というふうにまず訳すとかなり近いと思いますね。荒っぽく言ってしまいますと、生活条件ですね。人間が生きていくというのは、ある条件のもとに生活しているわけですから、生活条件が変われば今のように生きたいとどれほど頑張っていても、

変わっていかなくちゃならないわけですね。でも人間は執著いたしますから、それが固定して厄介なことになるわけでしょう。その固定化を取り除く時、人間はどのようなことをするかは人間で決めることはできない、決めるのはしかし神様でもない。「さるべき業縁のもよおせば、いかなるふるまいもすべし」。何が決めるのか、条件が決めるのだ、縁が決めるのだと。縁に素直であることにおいて、初めて自由を得るのだ、ということをまず言うのですね。

そして、第二番目にあげますのは、いわゆる人間が集合離散、集まったり離れたりするという中で、離れていくということはけしからんと怒る人たちがいるのに対して、親鸞聖人が「弟子ひとりも持たない」と語っているところの言葉ですが、

つくべき縁《えん》あればともない、はなるべき縁あれば、はなるることのあるをも

（歎異抄　六条）

つくべき縁がなければ、いくら一緒になろうと思っても一緒になれませんし、離れるべき縁がくれば、いくら一緒でいたいと言っても離れていくわけです。でも離婚率が高くなったことの引き合いに出して言うとマズイことになりますよ。「あらら、離婚が多くなりましたね。離れるべき縁が来たから離れちゃうんだ」となりますと、これは社会問題になりますからね。そういうことじゃなくて、生きているという事実はそういうことなのだということなんです。

結婚をする、子供が生まれる、子供と別れる。あるいは夫と共に生きる、夫と別れる。また

親と別れる。そういうすべてのことが、つくべき縁のもよおしによって一緒になり、離れるべき縁のもよおしによって離れていくということが事実だと。全部これらを、事実を事実として押さえているんですね。

もうひとつ、三番目にあげますのは、人間が「死ぬ」ということですね。死ぬということまで縁という言葉で押さえているんです。

娑婆《しゃば》の縁《えん》つきて、ちからなくしておわるときに　（歎異抄　九条）

と言っています。この死ということも事実なんです。しかし人間は、死ということを実体として捉えてしまうんですね。そう捉えた時に、死は生を脅《おびや》かすものになるわけです。だから、死なない命が欲しいというようなことになってくるんです。ところが、都合が悪くなると、生きている命も殺してしまうことさえあるのです。だから、死ぬということも実体化しないで表現しますと、この世の縁が尽きる時、それが命の終わる時なんだということになります。歎異抄ではこういうふうに事実を押さえているんですね。だからそういう意味では、縁によって生き、縁によって生活をし、やがて縁によって命が終わっていくというのが人間の生きるということだ、となります。

とすると、人間は千差万別ですから、その千差万別の縁によって生きる人間が全員平等に救われていくということはどういうことかと言ったら、すべてが往生人になるという一点では、いかなる生き方をしている人間も、無限に再生をしていく人生を生きるということだけは平等である。信心が一つという時の信心は、往生を成り立たしめるところの心根であると。その心根によって一つというのは、同類ということでは決してなくて、同質ということである。ということを、先回もお話ししたわけであります。

榎本《えのもと》栄一《えいいち》という、大阪に住んで老境より詩を書いている人がおられました。この方の詩に「花」という詩があります。

「私は梅／あなたは桃／花のいのちは／どこかで一つに融け合うている／融け合いながら／
私は梅に咲き／あなたは桃に咲く」　（『詩集・群生海』より）

いい詩だと思いますね。私は梅で結構であります。あなたは桃として満足をしてください。その満足するという心において、溶け合っているんだと。それが往生ということと縁によって生きるという格別性との関わりだと、この詩もこんなふうに教えてくれているんじゃないかなと思います。

先回の復習のような話をしておりますけれども、じつは今回は柱を最初に立てませんでした。立てませんでしたのには私にも魂胆がございまして、これが柱になるかなーと思うものが心の中にあるもんですから、最後に立てられたら立てます。

榎本栄一（えのもと・えいいち）
――1903～1988。淡路島出身。市井に生きた宗教詩人。日常生活をそのままに宗教詩としてうたいあげている。『群生海』（1974年）『煩悩林』（1978年、共に東本願寺難波別院）、「榎本栄一念仏詩シリーズ」（1981～95年、樹心社）などの作品集を発表している。

耳根が清徹になる

「往生」ということを軸にして、先回申しましたことを整理するような形でお話ししてまいりました。「信心」というのは、「往生という事柄を成り立たしめていく心根だ」というような言い方を私はいたしました。しかしその往生ということの内容が具体的にならなければ、いくら「無限再生＝つねに新しくなる人生」と言ったって、やはり言葉にしか過ぎないと言えますし、したがって、往生という事柄を成り立たしめるような心根が信心だと申しましても、やはり抽象的であります。じゃあ、どういうことをその信心は明らかにしているのかということがはっきりしなくてはいけないわけですね。

それで、先回もお話ししたように、親鸞聖人は、「聞く」ということを信心の重要な内容要素にしているということを申しました。「聞」とは「信心を表す御《み》のりである」（一念多念文意）とさえ言っております。つまり、聞くことがじつは信心を表す事柄なんだと。何を聞くのかというと、阿弥陀如来の本願の働きを聞くのだと。こういうふうに私は申しまして、先回その阿弥陀如来の本願ということについて、これも実体化すれば事を誤つと申し上げたと思います。

ここで、「仏説無量寿経」の上巻に出ておりますす言葉を出しておきます。仏教読みで読みま

一念多念文意（いちねんたねんもんい）→ p.88参照
仏説無量寿経（ぶっせつむりょうじゅきょう）
――上下二巻からなり「大無量寿経」（「大経」と略される）とも言う。過去に法蔵比丘が四十八願をたて無量寿（阿弥陀）仏となる過程と、その国に生まれることの功徳を説く。浄土三部経（大経・観経・小経）の一つ。

すと、

耳根《にこん》清徹《しょうてつ》にして、苦患《くげん》に遭《あ》わず。（仏説無量寿経　巻上）

「根」「根っこ」と書いてありますけれども、仏教用語でありまして、今日の言葉で言うならば耳の器官とか、脳の器官とかいう「器官」ですね。

耳の器官が清浄になって透徹すると、人間は苦しみやら煩《わずら》いに会うことがなくなる、ということ言葉なんです。面白い言葉ですね。耳というのは厄介でして、純粋に聞こえてくる音だけを聞いているんではなくて、やはり音のしない音さえ聞いているんです。それは耳が聞いているのかというとそうではなくて、頭のほうが聞いているという場合が多いんですね。言うならば、本当に耳という器官として十全に働くと、音しか聞こえないものなんですね。もちろん、ここでは肉体の耳のことを言っているわけじゃありません。ひとつの象徴であります。心の耳ですね。特に耳という言葉によって象徴しているわけです。

したがって、心の耳の働きが本当に清浄になって透徹するようになると、人間がどのように人生を生きていても、苦しみや煩いに会うことがない、とこういうことなんです。なぜこういうことを言うのかと申しますと、耳が本当に聞くべきものを聞くからなんですよ。言うならば悲しみという事実の中に如来の本願の声を聞くから、人間の苦しみをむしろ新しい人生の栄養として育てていくということがある。そういうことを、「大無量寿経」のこの言葉が語っているわけですね。

私が長崎へまいりました時に、やはりこの言葉についてお話をしておりました。すると聞いている方というのは偉いものだと思いました。この言葉を聞いている方がですね、私に、こういうふうな了解を述べてくれたんです。

「先生は耳根が清徹になると苦しみに会わなくなる、ということをお話しくださったけれども、それを聞いている私には、むしろ苦しみや煩いが耳根を清徹にしてくれるんだなーと聞こえてきます。有り難いことですね」と、こう言われました。

私はびっくりしました。その時、その一言を聞いた時に、私の言葉は何であったのかと言ったら、それは説明でしかなかったということを教えてもらいましたね。

本当にそういうものなんですね。信心の内容を語るといたしましても、具体的には苦しみや悩みを避けるために耳を清らかにして、そして願いを聞こうとしたってこれは聞こえてこないのです。反対に苦しみや悩みに出会いながらも人生を無駄にすまいという、命の根源から湧いてくるような活力とでも言ってもいいもの、その活力が苦しみや悩みの中で、本願を聞きとる耳を育てるわけなんですね。育て、その苦しみやその悩みの中に本願を聞き取っていく。じつは、そんなことから、今回の問題へ移していきたいんです。

本願のいわれ

だいたい、歎異抄はどこをお開きになっても、「本願」ということに関わって語っていない所はほとんどないと言ってもいいと思います。言葉としても「本願」は非常に多く出てまいります。それは、この歎異抄の特徴というだけではありません。ある意味では親鸞聖人の仏教、親鸞によってうなずかれました仏教、浄土真宗といううなずきで明らかにしている仏教は「本願の宗教」だと言い切っていいと思いますね。本願の宗教なんです。歎異抄の作者が親鸞の教えにうなずいて、そして親鸞の教えを通して語りかけてくるのでありますから、当然歎異抄の中に本願のいわれ、本願の道理がいろいろな形を通して語りかけられているのも、これは当然のことですね。

特に歎異抄には、「摂取不捨《せっしゅふしゃ》の願」（十四条）という表現があります。これは歎異抄独特の言い方でありますが、「摂《おさ》め取って捨てないという願い」という意味ですね。その摂取不捨という言葉自体が親鸞聖人の書いた物の中では、阿弥陀仏という仏の別名になっているんです。親鸞ははっきり、

摂取《せっしゅ》して捨《す》てたまわず。かるがゆえに阿弥陀仏《あみだぶつ》と名づけたてまつると。

（教行信証　行巻）

摂取不捨（せっしゅふしゃ）
——阿弥陀の救済の絶対平等性を表す言葉。摂取して捨てず。
教行信証（きょうぎょうしんしょう）→ p.69参照

と言っています。何でこんなことをわざわざここで言うかと申しますとね、私たちはややもいたしますと、阿弥陀仏がおいでになって摂取して捨てないという働きが起こるんだ、と実体化して考えてしまうんですね。そうすると、その実体として予想した阿弥陀仏が大きな風呂敷でも広げるようにして、全部を包んでくれるんだ、それで有り難い、ということになってくるんじゃないでしょうか。まあそれも有り難いでしょうけれども、その有り難さは少々危ないんじゃないかなという気がいたしますね。

そうじゃなくて親鸞ははっきりと、摂取して捨てないという働き、それを阿弥陀如来と言うのだ、阿弥陀如来は実体ではない、阿弥陀如来は作用だと言っています。どういう作用かと言ったら、人間を完全に救済するという作用が阿弥陀如来なんだ、と。少々理屈っぽく押さえて申しますと、阿弥陀如来の救いというのは言葉の反復なんです。親鸞はここまで徹底したことを言おうとするんですね。だから「阿弥陀様に救っていただく」「阿弥陀様の本願に救っていただく」という言葉も生きてくるのです。阿弥陀仏に会うということは、摂め取って捨てないという事実に会うということなんですね。摂め取って捨てないという事実に会うとは、願いに会うということなのである。願いに会えば、その願いを成就するのは私の命ですから、私はその願いに会った、願いを聞いた責任として、願いを成就していく私にならなくちゃならない。そこに本当に無意味ということを超えて、積極的な人生が開かれてくる。

そういう意味では、「本願」と「信心」とをはっきりと心の中でうなずき切ることができれば、親鸞聖人がうなずいて私たちに明らかに示してくれた仏教のポイントは決まってくる、と言っていいと思います。

「本願」と「信心」、これが明らかになればいいわけです。ところが、これが明らかになるということは、そう容易なことではないんです。本願とはどういうことであるかと説明はできますし、信心とはどういうことであるかという説明もできますけれども、本願と信心がどう関わりをもったダイナミックな人間救済の作用であるか、ということをうなずくことは、それほど単純ではないんですね。しかしキーポイントはそこにあるんです。これははっきり申していいわけでありまして、そういたしますと、歎異抄の中にそのことを見事に語ってくれている言葉があるのです。これは歎異抄の作者が、じつに的確に本願の宗教と言われる親鸞聖人の仏教の命にうなずいていた証拠だと私は思うのです。が、そこまでお話をすすめるに先立って、もう少しくどいようですけど、念を押させていただきます。

信心は智慧

親鸞聖人が明らかにしている信心のひとつの大きな基本的な特徴は「信心とは智慧だ」とい

本願と信心（ほんがんとしんじん）
――阿弥陀の本願（絶対無限なる根本的願い）を信ずるところに絶対無条件の救済は成立する。したがって、信心とは阿弥陀の本願への全存在的うなずきであると言うべきである。

うことですね。信心と申しますと、何かにすがりつくことだというふうに考えることが多いですね。それは表面的には表現の内容がはっきりしておりますからいいのですけれども、曖昧《あいまい》ですと非常に危ない。言うなれば主体性を失った、極めて依存的な、悪い意味での「他力」ということになっていってしまいます。

例をひとつ思い出しました。これは実際に私がある老人から聞いた話なんです。それは私の大学の先輩格にあたる寺の住職についての話であります。先輩は大学を卒業して出身の富山の寺へ帰りまして、同朋の方々と親鸞聖人の教えを一生懸命に語り合っていたのです。けれども、大学を出たての若いお寺の住職が一生懸命に話せば話すほど、話は難しくなるに決まっているんです。しかし熱意というものは面白いものでして、難しい話をするので、聞いている人たちにはわからないけれども、わかろうとする力が入るわけですよね。富山県は熱心な地方でありますから、多くの同朋の方が聞きに来て、その面倒な話を聞きながら、なんとかわかろうとするわけですね。握りこぶしを固めて、みんなで聞いていたと言います。

すると一生懸命になって話していたその若い住職は、話をパッとやめてしまったというんです。そしてじーっとその様子を見ていて、しゃべっていた座から立ちまして、同朋の中でももっとも力を込めて両手を握り締めて話を聞いていた人の側へトトトッと寄っていったのです。

信心（しんじん）
——人間（自己）の存在そのものが、絶対なる願いにおいてあるという事実への認識。それゆえに信心は智慧であるという。その智慧により我執から解放され、事実に目を開いて生きる存在となる。

そして、その人の手をふと取って、指を一本ずつはがしていったそうです。そうして、十本握りしめていた指を全部離して、

「ご信心というのは、こうやって握ることではない。これを離すことだ」

と言って教えたというんです。その指をほどかれたおじいさんに、私は会ったことがあるんです。あのあたりでは住職のことを御院家《ごいんげ》さんと言いますけれども、

「あの御院家さんは、わからん話をする人やったけれども、あのひとつだけはこの身が覚えています」

と言っていました。ご信心というのは、こうやって握り締めることではないんだと。「握り締めたい、握り締めたい」というその思いを離すことなんだと。我執から解放されることがご信心だと手を取って教えてくれた、そのひとつのことだけがわかった。あとの話は難しかったということですけどね。

私はこのことを思い出す時に、信心が智慧だと親鸞聖人のおっしゃる内容は、我執から解放される真実に目を開く智慧が信心なんだと思います。

話がここまできましたから、もうひとつ、ついでに申しましょう。これは私の先生から聞いた話です。

農村ですと、お祝いなんかがありますと、しこたまお酒をごちそうになって酔っぱらって、

一杯機嫌で帰ってくるということはしょっちゅうあるわけです。たまたまそういう宴会があるので隣村まで行ったひとりの男がですね、いい気持ちになって帰ってきたというんです。ところが田舎なものですから、川には丸木橋しか渡してないんですよ。出かける時はしゃんとしていたからタッタッタッタッと丸木橋を渡っていったんですって。ところが帰りに酔っぱらってその丸木橋を何の気なしに渡りだして、途中まで来た途端に、酔いが醒めてきたというんですね。ところが醒めてきましたけれども、体のほうはフラフラですよ。それでツルっとすべって、丸木橋にしがみついたと言うんですね。暗闇なんです。で、「助けてくれ、助けてくれ」と大声で叫んだ。そのあたりの人がびっくりしまして、川端へ寄ってきた。と、まあ、男が丸木橋にぶらさがって、助けてくれと言っている。それで、「手を離せ、手を離せ」と言ったというんですよ。そしたら右の手を離したそうです。そして、いよいよ左の手でしがみついた。そこで「左の手、離せ」と言ったら、今度は右の手でまたしがみついたというんです。で、「両手、離せ」と言ったら、「両手離したら死んでしまう」と言った。じつは、なんことはない、その人の足と川底との間なんて三十センチくらいしかなかったというんですよ。

この話をしてくれた先生はそれを通して、人間の執著とはこういうものなんだと語ってくださった。手を離せ、手を離せと言われると、それを聞いただけで、それこそ千尋《せんじん》の淵《ふち》へでも突き落とされるような不安に襲われる。しかし、手を離さなければ救われないんですね。ぶら下がっていたら疲れてしまって、どうにもならないでしょう。手を離しても三十センチ下の川底へ両足が着くだけなんですよ。着いたということが救われるということでしょう。大地に足が着いた。事実がわかった。ああこれが事実だったのか。この事実に気が付かないで、自分の思いで、自分の執著で苦しみを作っていたんだな、と気付くことが救いなのでしょう。

本願を知る、本願を聞く耳が信心だと申します。そして、その信心は智慧だと親鸞聖人は申されます。とするとその智慧というのは、いったいどういうことを知る智慧なのかと言いますと、「愚禿鈔《ぐとくしょう》」という親鸞のお書き物の中の言葉を見てみますが、これが信心の構造なのですね。

「決定《けつじょう》して自身を深く信ず。決定して乗彼願力《じょうひがんりき》を深く信ず。」（愚禿鈔）

これは普通ならば、漢文に返り点を付けて「決定して自身を深く信ず、決定して彼《か》の願力に乗《じょう》ずることを深く信ず」と読むものです。ところが親鸞はそう読まないで、「決定して自身を深く信ず」「決定して乗彼願力《じょうひがんりき》を深く信ず」と読んだのです。どういうことかと言ったら、「これから本願の働きによって救われていきましょう」という話ではないと。「今現に本願の働きに乗託しているという事実を深く信ずる」ということを明らかにするために、「乗彼願力《じょうひがんりき》」と読み下して示してくださったわけですね。

愚禿鈔（ぐとくしょう）
――1255（建長7）年、親鸞83歳の作と伝えられる著述。「賢者の信心を聞きて、愚禿が心を顕す」という書き出しで、仏教・浄土教の教え・行・信心などを整理して伝える。

ですから、信心と申しますけれども、事柄は二つしかないのです。ひとつは、決定的な事柄として自分自身を深くうなずくということですね。信は信知ですから、うなずくということです。もうひとつは、決定的な事柄として、かの願力に現に今乗託して生きてあるというのが私の命の事実だということに深くうなずく、ということ。でも二つと申しますけれども、突き詰めて言えばひとつのことなんですね。如来の本願の働きに乗託して、現に今ここに生きている私自身の事実に深く決定的事実としてそのことをうなずく、これが信心なんだということが、親鸞聖人の語られている事柄なんですね。

次に示しますのは「高僧和讃」です。「和讃」ですから仮名言葉で、

煩悩《ぼんのう》具足と信知して　本願力《りき》に乗ずれば　すなわち穢身《えしん》すてはてて　法性常楽《ほっしょうじょうらく》証せしむ

（高僧和讃　善導大師）

となっているわけですね。煩悩を具備、満足している自分であるということを信知して、本願の働きに乗託する命を生きるようになれば、すなわち自我の執著で穢《けが》れているこの生活を完全に捨離し尽くして、真の悟りを開くような私になることができる。こういう和讃ですね。

この次に、わざわざ信心が智慧だということを親鸞自身の言葉ではっきり言っている和讃も二つあげておきましょう。

信心の智慧《ちえ》にいりてこそ　仏恩報ずる身とはなれ

（正像末和讃）

高僧和讃（こうそうわさん）
――龍樹、天親、曇鸞、道綽、善導、源信、法然（浄土七高僧）の徳をそれぞれ讃えた和語の讃歌。76歳（1248年、宝治2）の作。「三帖和讃」（浄土・高僧・正像末）の一つ。

と言いますから、信心の智慧に私たちが入るということは、そこに住することによって本当に仏の恩を報ずる命を今日生きている、という自分になることができるということですね。その次は、

信心の智慧《ちえ》なかりせば　いかでか涅槃《ねはん》をさとらまし　（同右）

と言うんですから、もし信心の智慧がないならば、どうしてこの私が真の悟りを開くことができましょうか、という和讃、詠《うた》ですね。

如実知見

これでおわかりいただけますように、まず信心というのは、何かにしがみつく心ではないということをはっきりしていただいて、信心ということは智慧だと了解したいと思います。何を知る智慧かと言ったら、私自身の事実を知る智慧なのです。事実以上のことも、事実以下のことも知る必要はないんですよ。事実を事実として知って、事実にうなずけばいいわけなんですね。

これは、特に親鸞が言っているというだけではありません。仏教というものはこういうものなのです。「如実知見《にょじつちけん》」という言葉がありますように、「実のごとくに智慧をもって見る」とい

正像末和讃（しょうぞうまつわさん）
——正・像法の時代が終わり、末法の世における真実信心のあり方を説いた和語の讃歌。85歳（1257年、康元2）の作。「三帖和讃」（浄土・高僧・正像末）の一つ。

うことが仏教の要諦《ようてい》なんですね。如実に事柄を智慧の眼《まなこ》をもって見開く。このことさえ明らかになれば、仏教というものは決まるんですよ。だから親鸞の言っている信心は、その仏教の要諦である「如実知見」ということを、信心という事柄の中で具体的に確かめていてくださるんだと、こう申して間違いがないと思いますね。事実がわかれば、もうそれで何もいらないんじゃないですか。

でも、事実がわからないんですよ、本当に。自分のことを例に出しますが、ただこんな例を出しまして、皆さん方に同情されても困るんですよ。ただ事実というものを知ると言いましても、なかなかうなずけないものだということを知っていただきたい例としてお聞きください。

私は、一歳の時に父親に死なれまして、そして十二の時に母親と別れました。私には五人兄弟がありましてね、そのうちの三人はわりあい早い時期に死に、あとの二人は戦争で死に、私も戦争に行って、帰ってきた時にはたったひとりになっていたんです。これは事実なんです、私にとって。「そんなことはない、そんなはずはない」といくら言っても、私にとってはそういう事実しかないわけですよね。それで私は、かなり私なりに悩んだわけです。「親がいてくれたらなあ」と思うこともありました。シベリアから、兄貴がいるだろうと思って帰ってきてみたら、死んでいて天涯孤独だった。「兄弟がいればもっと楽にいけただろうな」と思うこともありました。「こんなバカなことがあるか、こんなことは事実でない」と全世界へ向かって叫びたいという気持ちだったこともありますね。

事実を目の前にしながら「事実でない、事実でない」と打ち消していこうとしていたわけですね。ところが、言えば言うほど、跳ね返ってきて苦しむのは私自身であって、他人ではないのです。単純なことですけれども、その単純なことがわからないんですね。挙げ句の果てに自分でわかったのは、「ああ、これが事実だなあ」と。それに気が付いた時、いわゆる私の生きていこうとする物の考え方の方向が、ある意味で逆転したんです。そのあたりから、私は親鸞聖人の教えを本当に惚れこんだように聞くようになったんです。

やっぱり親鸞の教えというものの一番の特徴が、なんのかんの言いましても、「事実は事実だと知れ」。それが一番安心できることだし、それが一番救われることなんだということをいつもどこかで言っていてくれている。そしてそれは、今のような経験を通して申しますと、それ以外に何も救いの条件はないということを嫌《いや》ほど知らされました。何を言ってみても、ひとりになったということが私の事実なんだと。とすると、このひとりの私はどうして生きていくのかということを尋ねることだけが、私にとって前進をしていく方向が見つかるんだなと、気付かされたのです。極めて単純で素朴で、人様から見れば当たり前のことだったんですね。さっきの丸木橋にぶらさがっていた男と同じようなことなんです。

「如実知見」ということは言葉が難しいのではなくて、事実を知ることが私たちの生活の中では困難だということなんですね。しかし困難であっても、それ以外に、人間の救いはないというのもまた事実なんです。そういうことを親鸞聖人は、わざわざ信心を智慧であるということで押さえてくださるのですね。信心はしがみつくことではない。信心は事実を知って、事実にうなずいて、事実を生きる人間になることなんだと。だから信心は智慧だと、こうおっしゃってくださるんです。

普遍の本願を知る

話を戻しますけれども、歎異抄の中には本願を知るということを見事に語ってくれる言葉があるわけです。これは歎異抄の一番終わりの長い文章の中に出てくる言葉で、有名な言葉です。

「弥陀《みだ》の五劫思惟《ごこうしゆい》の願《がん》をよくよく案ずれば、ひとえに親鸞一人《しんらんいちにん》がためなりけり。されば、そくばくの業《ごう》をもちける身にてありけるを、たすけんとおぼしめしたちける本願のかたじけなさよ」

（歎異抄　跋文）

と親鸞聖人は語っています。「五劫思惟の願」とは、「阿弥陀が限りなき思惟を重ねたその果てに起こしてくださった願い」ということですね。絶対無限が相対有限なる存在を救うということを、どこまで徹底して明らかにすればいいのかという思惟が、事実の中にあるわけなんですよ。そういうことを比喩的表現をとって語っているのだとご了解いただいておきましょうか。「弥陀の五劫思惟の願」は阿弥陀の本願です。「阿弥陀の本願をよくよく案じてみると、それは他ならない、ひとえにこの親鸞一人《いちにん》のために本願は起こされていたのだということがわかった」。そういうことがわかってみると、「そくばくの業」ですから、「いろいろな生活をし続けているこの命でありますけれども、そういうこの私ひとりを助けようと思いたったのが、本願の心であったのかなとうなずけて、かたじけない」というふうに親鸞が言っておられますね。

ここで私が申し上げたいのは、本願に関わっていく時の信心はひとりで関わるということを、ひとつはっきりさせていただきたいのです。あなたもご一緒に手を携えて、というのは次の段階の話です。信心あるいは宗教あるいは救いということは、理屈抜きにして一人ひとりの上に明かされる、一人ひとりの出来事です。ですから、たとえ目の中に入れても痛くないという子供でありましても、信心の問題だけはひとりで決していかなくてはならないのです。ここに信心という事柄の中にある決断性というものがあるんです。だから、仲間意識と信仰の意識は違うのです。

これも危ないですね。信仰意識というのは仲間意識とすり替えられがちなんですよ。だから親鸞聖人はそれをまず最初に取り上げます。阿弥陀の本願というのは生きとし生けるものすべ

そくばく
——「若干」の漢字が当てられる。「いくらか」の意と、「数限りなく」の正反対の意にも使われる。「そこばく」と同。

てに掛けられているというのが阿弥陀の本願の性格ですが、その「すべてに掛けられている普遍の願いをよくよく自らの命を通して尋ねて、自らの命を通してうかがってみると、それは他ならないここに生きている親鸞というひとりの人間のために普遍の願いが掛けられていたんだとわかる」というんですね。私はこのことは大事なポイントだと思うんです。

なぜかと言ったら、人間は個別的に生きていますので、救ってくれる願いも個別的であってくれるのが一番いいと思ってしまうんです。それが間違いのもとなんです。願いも個別的であってもらいたいと思うところに間違いが起こるのです。そうじゃないんですよ。たしかに救われなくてはならない命は個別的であり、したがって自立的なんです。たとえどんな関係にありましても、決して隣の人と一緒にというわけにはいかない。私ひとりなんです。しかし、私ひとりという個別ですけれども、個別を救う真実は普遍でなくてはならない。これが、大事なことなんですね。すべての人間を救うという願いに会わなければ、個別を生きている私の完全な救いは成り立たないのです。このへんを間違えますと、個別で悩んでいるのだから、個別の救いで救ってもらえるのじゃないかという勝手な妄想をこちらが起こしてしまうのですよ。

ちょうど、対症療法みたいなものです。胃が悪いというと、胃の薬を飲めばいいということですけれども、そういうわけにはいかない。人間の体はすべてが関わっているのだから、胃が悪いとなると、まずどこを診察すればいいかといえば、神経を確かめるんですよね。肝臓が悪いと肝臓の薬を与え、心臓が悪いと心臓の薬を与える、いわゆる対症療法に害があるということは今ではわかっていることです。だいたい有機的な存在なんですから、体すべてが関わっているのは当たり前なんですよね。それをバラバラにして、胃は胃だ、腸は腸だといって対症的に個別的な薬を与えていけば全体が壊れていくというのは、これはもう理屈にあった道理なんです。これが今日の医学の問題なんでしょう。だから人間の病気を治すには、人間の総体としての体全体を治していくということが前提とならない限り、治るということがないんだというふうに、科学が進んでやっとのことでわかってきたんです。でも気が付いてみたら、それはもっと昔から決まっていた話なんですね。

これと同じように、ひとりというところに救いを成就していく教えでは、本願の教えは普遍でなくてはならない。十方衆生《じっぽうしゅじょう》と呼びかけるその普遍の本願はよくよく思案してみると、親鸞ひとりのための本願であったというようなうなずきが願いと信心との深い関わりなのです。

本願を知る言葉のもうひとつは、歎異抄の九条の中に出てくる言葉です。

仏かねてしろしめして、煩悩具足《ぼんのうぐそく》の凡夫《ぼんぶ》とおおせられたることなれば、他力の悲願は、かくのごときのわれらがためなりけりとしられて、いよいよたのもしくおぼゆるなり。

（歎異抄　九条）

ここでは、本願を「我らがための本願」だと言っています。この時の「我ら」は、先に申しました「ひとり」と矛盾するかと言うとそうじゃありません。これも間違えないでいただきたいと思います。けれども、私もひょっとすると言っているのかも知れませんね、「我々は」ということをね。

学生諸君が「我々は！」とマイクを使って叫んでいましたね。時々冗談に学生さんに言ったものです。はじめの「我」のほうは自分だからいいですけれども、あとのほうの「我」にあたる人は同じことを考えているのか。「おお、そうだ」という承認をとってきているのならいいですけれども、承認もなしで「我々は」と言っている時には、「俺はそんなこと言わないぞ」と言われたらどうなるんでしょう。言うならば、もうひとりの我は先の我が勝手に私有化しているんですよ。そういう我々と、ここで言う「我ら」は違うんです。

親鸞聖人が使う時の「我ら」とは、命を共同している事実を「我ら」と言うんですね。「凡夫と言うはすなわち我らなり」と親鸞は言います。そうするとここでは親鸞は、先にひとりと言った本願との関わりを、今度は命を共同している人間の深い共同感をもって「我ら」と言うところで、私もあなたも平等に一人ひとりの人間として本願に救われていくんだ。本願はその我らのために起こされたんだと、こう受け取っておられます。

そして、もうひとつですが、これは歎異抄のはじめの言葉です。

罪悪深重《じんじゅう》煩悩熾盛《ぼんのうしじょう》の衆生《しゅじょう》をたすけんがための願《がん》にてまします。（歎異抄　一条）

私がここで強調したいのは、ここでは「一切の衆生を助けんがための願い」であると押さえておられるということです。

既にある本願

これら三つの言葉の特徴はどこにあるかと言うと、願いは普遍だということをおっしゃる時に、「何々がための願である」とおっしゃっているところです。なぜそれが特徴だと言うのかと申しますと、普通はこれが逆で、「私のために願いを起こしてください」という言い方になるんです。そうでしょう。「私のために救う願いを起こしてください」とこちらから頼んでいきますね。それが多くの場合の「宗教」という言葉で語られることの関係の性格ですね。救い主と救われる人間との関係はそうなるんですよ。私は病気をしていますから、病気の私のために、病気を治すような願いを起こしてください、とこう頼むのですね。

ところが親鸞聖人の場合は違います。既にして私ひとりのために願いの世界はあったのだ。そして命を共同する我らのために既にして願いはあった。一切衆生のために既にして願いは用意されていた。これから願いを聞くというよりも、気付いてみたら願いによって生かされつつ生きていたというのが、ひとりであり、我らであり、そして十方のすべての生きとし生けるものだと。そこに親鸞の救済は確かめのある救いだということが言えるのです。気付いてみたら、そこに既にして救われている命に背いていたんだなという深い慙愧《ざんき》と、同時に気付いたら、普遍の願いによって、私一人《いちにん》が、そして命を共同する我らが、したがってすべての生きとし生けるものが救われているのだと。こううなずいていくところに、親鸞の本願と信心との関わりというものが見事に語られていると思います。

清沢満之はそのことを、自分の経験を通しながら言っていますね。

「われらは絶対的《ぜったいてき》に他力《たりき》の掌中《しょうちゅう》にあるものなり」　（清沢満之の言葉）

と。私たちは、絶対的に他力——これは本願ですから——本願の手の中にあるんだと。これから、手の中に入るのではないんだ、既に手の中にあるんだと言われました。

清沢満之のお弟子でもあり、また私にとっては直接の先生でもあります曽我量深は、もっとはっきりこういう表現をとりました。

「如来《にょらい》に信《しん》ぜられ、如来に敬《けい》せられ、如来に愛《あい》せらる。かくて、われらは如来を信《しん》ずることを得《う》」　（曽我量深の言葉）

と。如来に信ぜられている私である、如来に敬われている私である、如来に愛されている私で

清沢満之（きよざわ・まんし）→ p.25参照
曽我量深（そが・りょうじん）→ p.91参照

ある、という私に気付いてみたら、初めて私は、無資格、無条件で如来を信ずることができるのである、とこう言っているんですね。

私はここに、本願の救済は絶対無条件だということ、言葉を変えて申しますと、既にして如来の本願の中に私自身が信じられ、私自身が敬われ、私自身が愛されているからこそ、私は如来を信知して生きていくことができるのだということであり、ここに本当に事実から一歩も足を離さない具体的で確かな救いの証しというものがあると思います。

この曽我先生の言葉を心の中で反復いたしますと、私たちはこれから如来を信じるんではなくて、如来の絶対信の中に生きている私、したがって如来の絶対信の中に生きている我ら、如来の絶対信の中に生きているすべての生きとし生けるものであるから、そこに初めて各人が自立した人間として、すべての存在が平等に、本当の意味で尊厳を犯すことなく生きていくことのできる世界が教えられているんだ、と思うのです。

種田山頭火の俳句の中に、

「いただきて　たりて　夕餉《ゆうげ》の箸《はし》をおく」

という俳句がありますね。頂いて、満足をして夕ご飯の箸を置いた、というそれだけのことです。「頂きて　足りて　夕餉の箸を置く」、これが親鸞の言う救いの世界じゃないんでしょうか。

種田山頭火（たねだ・さんとうか）
——1882-1940。俳人。早稲田大学中退後、荻原井泉水の門下となる。出家・托鉢の旅の中で自由律による句をつくった。

もうひとつあげてみましょう。

「一《ひと》つだけあれば　こと足《た》る　暮《くら》しの火《ひ》をともす」

いい句だと思いますね。いろんな物もあって結構ですけれども、何もなくなっても、ひとつだけあればもう十分だと言えるような生活の火。それが本願を信ずるというところに決まってくる。こういうふうに教えてくださるのが、歎異抄のひとつの要諦ではなかろうかなと思いました。

今回はテーマの柱を立てませんでしたが、もしあえて柱を立てさせていただくとしますなら、「確かな愛と信頼のなかを生きる」とでもさせていただきましょうか。

第5回講

ひとり・我ら・そして罪

「歎異抄の心を語る」ということでお話をさせていただくのもこれが五回目であります。じつは、これから私がお話をしようと思っております事柄が、先回の後半の部分でお話をした主題とかなり関係をしてまいりますので、そのあたりを少し整理をしてから、本日の主題へ移っていこうかと思います。

先回お話をしましたのは、歎異抄の中で「阿弥陀の本願」について、親鸞聖人が阿弥陀の本願との出会いの実感を深く謝念をもって受け止めながら語っている言葉が三つある、ということに注目してお話をしたわけであります。

それは、

弥陀《みだ》の五劫思惟《ごこうしゆい》の願《がん》をよくよく案ずれば、ひとえに親鸞一人《しんらんいちにん》がためなりけり。

(歎異抄　跋文)

という有名な言葉であります。そして、

仏かねてしろしめして、煩悩具足《ぼんのうぐそく》の凡夫《ぼんぶ》とおおせられたることなれば、他力の悲願は、かくのごときのわれらがためなりけりとしられて、いよいよたのもしくおぼゆるなり。

(歎異抄　九条)

罪悪深重《じんじゅう》煩悩《ぼんのう》熾盛《しじょう》の衆生《しゅじょう》をたすけんがための願《がん》にてまします。

(歎異抄　一条)

と言っておられる親鸞の言葉です。

というわけで、私が出しましたこの三つ言葉は、全部が「何々がため」という、如来に立って言えば能動的な目的を表し、衆生において言えば完全な受け身の形で本願との出会いの実感を深い謝念を込めて語っている言葉だということで、特に取り上げたのです。ひとつは「ひとりがため」、もうひとつは「我らがため」、もうひとつは「一切衆生のため」ということであります。その一切衆生のためということを罪悪深重煩悩熾盛の衆生という内容できちっと押さえまして、そういう一切衆生のために本願を自らの、と申しますか、人間の命のうえに実証されている事実として明らかにしている、とお話をしたわけであります。

そもそも最初に申しました「阿弥陀の本願」という事柄については、実体的な感情を取り払わない限り、歎異抄の語りかけ自体が宗教の事柄ではなくなって、まったく違う人間の関心の内容に変質をしていくんじゃないかという、私の老婆心のようなことがあります。本来、本願と言われる事柄は徹頭徹尾、宗教的事実と申しますか、宗教の事柄として以外には意味をなさない言葉なんです。したがってそういう意味では、宗教の事実ということを抜きにいたしますと、どれほど本願についての説明はできましても、本願自体に我々が会うという実感はどこからも出てこないんです。

ですから、先回、歎異抄の中で「何々がため」という言い方で三つの内容を親鸞が語っている言葉に、本願との出会いの実感というものが見事に示されており、その実感の内容が同じことを言っているのではなくして、ひとり、我ら、衆生と、これだけの内容をそこで押さえていると申し上げて、その点に特に注目をする形でお話をしたわけであります。

なぜ命を大切にするのか

本願という事柄、それはどこでうなずくのかと言ったら、別に考えなくてもいいことでありまして、私たちが現に今生きているこの身の事実のうちに、十分に実感する事柄でなくてはならないのです。だから、この身の事実とは宗教的な認識の内容としてうなずくものなのです。その宗教的認識を歎異抄の言葉で申しますと、本願は「信知」される事柄であって、それ以外の認識の対象になることではないということです。このことが非常に重要であり、その重要性を「何々がため」という完全な受動態で歎異抄では語っているのです。

曽我量深は平易な言葉でその信知の実感を、こんなふうに語っています。

「私たちは、阿弥陀様のおつむりの上を歩いているのですから、大切に生きねばなりませんね、大事に生きねばなりませんね。」

（曽我量深の言葉）

平凡なと言えば、平凡な言葉ですね。曽我量深は九十六歳で亡くなられました。これは、亡くなられる二年ほど前にある所でお話しになった中に出てきた言葉なんですが、たまたまその

曽我量深（そが・りょうじん）→p.91参照
おつむり
――おつむ（頭）のこと。

会場に私もおりました。その曽我先生のお言葉を聞いた時、これほど具体的に「本願」を語るということができるのかと、非常な驚きをもった印象が今でも消えないで残っているわけです。

ところで、命を大切にしなくてはならないという問題、あるいは生命の軽視ということが現代人のもっとも大きな問題であると、識者たちによって語り続けられているわけであります。命を軽んずるのは悪いことだ、もっと命を大切にしなくてはいけないんだということは誰でも一応わかるわけですね。でも、わかるというだけでありますと、本当に命を大切にすることを成り立たしめている必然的な理由というものがやはり曖昧《あいまい》なんじゃないでしょうか。どうすれば「なぜ命を大切にしなくちゃいけないんですか」という一言の問いに対して単純にはっきりと答え切ることができるのでしょうか。

私は最近、いろんな方たちがそれぞれ専門のお立場から、生命の軽視ということを憂いて発言されるのをお聞きしたり、あるいは読ませていただいたりします。それぞれにおっしゃることはごもっともだと思ったりしますけれども、何かもうひとつ隔靴掻痒《かっかそうよう》、靴の上から足を掻《か》くようなものを感ずるんですよ。

「命が大事だ」はある意味で、この世に生を受けた生き物である限り、意識するとしないとに拘らず、みんな知っていることでしょう。人間は、命を軽んじてもいいんだと思ってこの世に生まれてきたということは決してないと思うんです。草や木やすべての生き物が、ものを言わないまま命を大切にして生きているのと同じように、人間もこの世に生を受けたということは、生を受けたと同時に、命を大切にしていかなくてはならないということにもうなずいているわけですよね。そういうことは十分人間にもわかっているにも拘らず、その命が軽視されているというのが現代の問題なんです。とすると、「命をもっと大事にしなくちゃいけない」「命は尊いものだ」といくら繰り返してみても、現代のような状況、つまり精神状況から物質状況から社会状況からあらゆる面を含めた人間状況の中では、もうひとつ何か問いただしたいものが残るんじゃないでしょうか。「なぜ命を大切にしなくちゃならないのか」と。

具体的な例を出して申しましょう。

悪条件というのはいつの時代におきましてもいろんな形で人間に起こってくるものですけれども、人間が歩んできた歴史の中で、現代ほど厳しくそして救いようのない時代というのはないと思うんですね。そういうあらゆる悪条件の中で、なおかつ生きていかなくてはならないのはなぜなのかという問いは、やはり文字どおり命がけの問いだろうと思います。それに答が出ない限り「命を大切にしろ」と言われても大切にしてみようがない。こういう現代の生命軽視という風潮と言いますか時代状況が、声にはしておりませんけれども命がけで尋ねていることじゃないかと私は思うんですね。だからそれは、道学者的なお説教でどれほど命を大事にしなさいと言っても、それだけでは納得のいかないところから告発されていることだと言ってもいいという気がするわけです。

曽我量深先生の先の一言は、見事にそれに答えていると思いますね。命を大切にしなくてはならないのはなぜか。曽我先生は「私たちは、阿弥陀様のおつむりの上を歩いているのだから命を大切にしなければいけない」と、理由をはっきり先におっしゃるわけですね。ただ私の気ままで生きているのならば、命を大切にしなくてもいいかもわからない。これは仮説で言っているんですよ、いいかもわからない。しかし、そうはいかないんだと。どんな生き方をしなくちゃならないかわからないし、どんな状況がやって来るかわからないけれども、生きているということは、阿弥陀様のおつむりの上を歩いているということなんだから、命を大切にしなくてはいけないと。この言葉は現代に対する曽我量深という九十六歳まで生きたひとりの宗教者の遺言だと、はっきり聞き取っていいんじゃないかと私は思っております。

その「阿弥陀様のおつむりの上」というのは、これはもう、これまでのお話でおわかりいただけると思いますけれども、文字どおり「『阿弥陀なる絶対無限の願いの上』を歩いているのであるから、願いを反故《ほご》にしてはならない。そこに生きているということの責任があるのだ」、そういうことを曽我先生はおっしゃっておいでになるんだろうと思いますね。

道学（どうがく）
――道徳を説く学問。

山村暮鳥《やまむらぼちょう》という有名な詩人がおられました。結核で亡くなられましたが、熱心なクリスチャンとして生きた方であります。詩人とか、文学者とかいわれる方々はあるひとつの信仰に熱心になる場合が多いのですけれども、その中に信仰の普遍性を十分に了解をしておいでになる方がいるわけですね。山村暮鳥さんの晩年に、「病床の詩」という題の詩が何篇かあります。病の床で作った詩ですね。その中の一篇に、

「ああ、もつたいなし／もつたいなし／けさもまた粥をいただき／朝顔の花をながめる／妻よ／生きながらへねばならぬことを／自分ははつきりとおもふ」(『山村暮鳥全詩集』より)という詩があります。情景はすぐ浮かんでくることと思います。寝たきりでいて、起こしてもらって、そしておそらく奥さんが毎朝運んでくる朝の食事であるお粥《かゆ》を食べて、ふと目をあげたら、庭先に朝顔の花が咲いていた。情景としてはそれだけのことです。その事実を「ああ、もったいなし、もったいなし」と山村暮鳥はうなずくわけですね。もう全身が結核で侵されて、不治といわれている状態で寝たきりでいると、もったいないどころではなく、死んだほうがよっぽどましだと思うこともあるでしょう。にも拘らず山村暮鳥は、奥さんの運んでくれる粥を、起こしてもらって食べようとして、目の前に咲いている朝顔の花を見たと。これだけの事実に対して「ああ、もったいなし」とお礼を言っているわけですね。

今朝もまた粥をいただき、朝顔の花を眺める。昨日もそうであった、一昨日もそうであった、

山村暮鳥（やまむら・ぼちょう）
——1884-1924。群馬県出身の詩人。本名は土田（旧姓志村、のち木暮）八九十。クリスチャン。数多くの詩を作っている。『山村暮鳥全詩集』（1964年、弥生書房）として集録されている。

と。真夏の暑い朝なんでしょうね。やがてすぐ萎《しぼ》んでいってしまう朝顔の花を見ていると、朝顔の花は無心に咲いているようですけれども、山村暮鳥の心にはただ無心に咲いているとは思えないわけでしょうね。やがて、日が昇って萎んでいくほんの数時間の花だけれども、私のために咲いていてくれると、こう見ているわけですね。そしてお粥をいただきながらその花の命がけの姿を見ていると、自分自身はこんな体であるけれども、生きながらえねばならないとはっきり思う。生きながらえねばならない理由を、そのような事柄に託して語っているわけですね。

その「今朝もまた粥をいただき、朝顔の花を眺める」というそれだけの言葉の中に、曽我量深先生の言葉を重ねますならば「阿弥陀様のおつむりの上を歩いているのですから」ということになるでしょうし、さらにそれを歎異抄もしくは親鸞聖人の言葉に重ねるならば「絶対無限なる阿弥陀の本願によって生かされているという事実」を、そのような表現にして語っているんだと申してもいいと私は思います。絶対受け身の表現で、「ひとりがため、我らがため、一切衆生のため」、という言い方で親鸞が語っているんですね。

したがって、本願に関わってくる主体の内容と申しますか、本願に関わる人間の、私の問題となると、単に私のためという言葉では不十分なんですね。そこに歎異抄のひとつの確かめがあるわけです。ひとり、我ら、一切衆生ということを「罪悪深重《じんじゅう》煩悩《ぼんのう》熾盛《しじょう》の衆生」という言葉で語っていますから、これを凡夫という言葉に置き換えて言いますなら、「ひとり、我ら、煩い多く罪深き凡夫のための本願でましました」となりますし、そこに阿弥陀の本願に出会った人の実感が十分に内容を確かめ、十分に内容について明晰な認識をもって表現をしているのです。私流にあえて言い換えますならば、「ひとりを生きる私のため、命を共同して生きる人間のため、罪と煩い悩みの今日を生きるすべての衆生のため、こういうところに阿弥陀の本願と言われることが働く事実というものがあるんだ」ということになると思います。

聞き書きを文章形式に

最初に申しましたように、じつは今日お話をしようと思っております事柄は、「ひとり、我ら、一切衆生」、このことを歎異抄がまた別な形で確かめている文章がございますので、それを中心に話していこうと思います。先回のお話とつながっていますから、再確認のようなことをしたわけであります。ひとり、我ら、そして一切衆生、特に罪悪深重《じんじゅう》煩悩《ぼんのう》熾盛《しじょう》と言われる一切衆生ですね。

毎回小テーマのようなものを出しておりますので、ちょっとキザなテーマになるかもわかりませんけれども、「ひとり・我ら・そして罪」ということになりますか。こんなことにいっぺん言葉を置き換えてみまして、これを中心的に明らかにしている歎異抄の文章の問題点を指摘していくという形でお話をしていこうかと思います。

話が非常に飛ぶようで恐縮でありますけれども、歎異抄は言うまでもなく聞き書きでございます。歎異抄の作者自身が「故《こ》親鸞《しんらん》聖人《しょうにん》御《おん》物語《ものがたり》の趣《おもむき》、耳《みみ》の底《そこ》に留《とど》まる所《ところ》、聊《いささ》か之《これ》を注《しる》す」（序文）とはっきり書いております。これは親鸞の言ったことをそのまま筆録したんだとは言っておりません。あくまでも、歎異抄の作者である人物の耳の底に留まって忘れようにも忘れることのできない、故親鸞聖人のお言葉を書き綴ったのだと言っております。これが非常に大事なことで、徹頭徹尾聞き書きなんですね。そこに、ある意味では宗教というものの命もあるわけです。命はどう教えるかというところにあるのじゃなくして、どう教えられるかということが命なんですね、宗教というのは。

仏教の経典は、一番最初の言葉が必ずと言っていいほど「是《か》くの如《ごと》く我聞く」あるいは「我聞く是くの如し」という言葉で始まります。だから私は時々皮肉なことを言うんですけれども、仏教を専門に勉強しておいでになる先生方の中には、お経を分類をして、これはお釈迦さんが説かれた経典ではないだろう、後にできたんじゃないかというような分析を盛んに研究しておいでになる方が多くおられます。それはそれで学問として大事なことだと思います。インドのある状況の中で八十年も生きられたゴータマ・シッダールタ、仏陀、釈尊ですね、その釈尊と呼ばれる人が、どういうことを語ったのかを記録している経典もあるでしょうし、語ったことから内容が思想的に突き詰められて展開をして経典として仰がれているものもあるでしょう。あるいは地域的に申しますと、必ずしもお釈迦様がおいでになったインドの地域でできたのではないという経典もあるだろうと思います。だから、そういう事柄についての分析あるいは分類という学問も大事な学問だと思いますけれども、私が皮肉を言いますのは、それで経典であるとかないとかということを決めていくことは、間違いだと思うからなんですよ。

なぜかと言いますと、特に大乗経典と呼ばれる経典がそうなんですけれども、経典のほとんどが、最初に「如是我聞《にょぜがもん》」「我聞如是《がもんにょぜ》」という言葉で始まっているんですから、初めからこれは聞き書きでありますといって経典はできているんです。そういう意味では、お釈迦様が言っていない言葉は経典でないことの理由にはならないんですね。ですから、そういう経典成立の分類をしていく学問のもつ意味と、経典とは何であるかという事柄とは、これはやはり視点が違うということだけははっきりしておかなくてはいけないと思うのです。

歎異抄も、これは親鸞の言葉を一字一句間違いないように書いたとは言っておりません。耳の底に留まったところを記したんだと言っていますから、聞き書きであります。ところが、その聞き書きであるということが宗教であるということを明らかにする命でありますから、その聞き書きであるということを、歎異抄の中で特に文章の形式にまでしている所が三ヵ所あるんです。いわゆる聞き書きですから、話す人がいなくて聞くということはできませんし、聞く人がいなくて語るということはもちろんありません。話す人がいて、聞く人がいて、その語りかけとうなずきとの間にできてくる出来事を聞き書きというわけです。そのことをあえて文書の形式にまでして伝えているところが歎異抄にあります。それが、二条と九条と十三条という三つの章であります。

この二条と九条と十三条は他の章と違いまして、問答形式をとった章なんです。だからこれははっきり歎異抄の作者自身が聞き書きであるということがもつ宗教的な真実についての確信をもって表現した章だと、こう言っていいと思います。いわゆる親鸞聖人と、ひとりの弟子とが語り合った、あるいは親鸞聖人と多くの弟子とが語り合った、その語り合いという事実を文章形式にまでして明らかにしようとするんですから。三つの章には、親鸞の語りかけを「かくの如く聞いた」その確信的な了解というものが、述べられていると申していいと思います。確信的なものを言葉を変えて申しますと、まさに歎異抄が語りかけてくる本願の救済ということの内容が、この三つの問答形式の文章のところで一つひとつ確かめるようにして押さえられているんだと、こういうふうに了解をしていいと思うのです。

まず二条は何を語っているかと申しますと、「一人《いちにん》がため」という、そのひとりの人間の自立ということのもっている意味が語られています。そして九条は、これは文章の中にも出てまいりますけれども、「かくの如《ごと》き我《われ》らがため」という言葉がありますから、ここでは「我ら」という事柄が主題的に語られています。そして十三条でありますが、歎異抄の中で一番恐ろしい一章であり、したがって、一歩誤るととんでもないことになる章であります。いわゆる「宿業」という言葉を通して、歎異抄が人間という存在の実相を語る章なんですね。これがまた徹底した問いと答という問答形式で語られているわけです。その宿業ということを主題にした十三条のところに「罪悪深重煩悩熾盛の衆生」と言った凡夫の実相、それが明らかになっている、というふうに見ていくことができると、私は考えているわけであります。

ひとりになり切れない不安

さて、問題の鉾先を少しはずしますけれども、だいたい人間はいろんな条件のもとで不安になり、いろんな条件によって苦しみ悩むというわけです。人間の不安、人間の苦悩の根っこは何なのでしょうか。別に歎異抄だからこんなことを話すというわけじゃなくて、おそらく人類が人間としての営みを始めて以来今日まで、あらゆる視点から問い続けられてきたことじゃないかと思いますね。

不安にさせる条件、苦しみ悩ます縁は、それだけとるといくらでもわかるわけですね。子供が死んだ、それが私を苦しめている。これはわかるわけです。しかし、子供が死んだということでなぜ私が苦しむのか。そこから必ずしも演繹《えんえき》することはできないのですね。あるいは、まったく思いもつかない出来事に出会って巨万の富を成した人が、一気に奈落《ならく》のどん底へ落とされた時、首をくくって死んでしまいたいと思うほど苦しむということがあると。条件としての理由はよくわかるんですね。しかしそれがなぜ、死ぬほど苦しまなくちゃならないのかという、「なぜ」に対する答は必ずしも出てこないのですね。

私はそんなふうに思いますと、新聞報道というのを見ておりましても「よく注意して読まないと危ないな」と思うことがあるんですよ。

ひとりの少年が非行に走ったという事柄が記事になって出るとしますでしょ。するとちゃんと理由が書いてあります。でもよく読みますと、それが理由なのか、単なる諸々の条件のひとつを書いただけなのかわからない時がありますね。そのご本人に「これが理由か」と聞くと、そうじゃないという返事が出てくるかもわかりません。しかしそれじゃあ、まったく理由でないのかと言うとそういうわけでもないということでしょう。すると新聞が、ひとりの少年が非行に走った、それは家庭環境がこんなだったからだと書いた時に、我々はうっかりしますと、

「家庭環境がこんなんだから非行に走ったんだ」と因果関係をすぐ考えてしまいますね。

それが現代の問題を根っこから解決していくために、ある意味では疎外要因にもなりかねないという気がするんですね。そんな理由はいくらでも転がっています。今は全青少年が非行に走る可能性のある時代だと言ってもいいくらい条件は十分整っているわけですよ。だけれどもその中で、非行に走る理由は何もない、非行に繋《つな》がる必然性はないんだと言い切れるものが見つからなければ、いつまでもたってもビクビクとして、文字どおり過保護の状態で、ますます足萎《な》えた青少年を作っていくことにさえなっていくんじゃないかと思いますね、余談でありますけれども。

そんなことを思います時、私はやはり、これらのことは今日の問題でありますけれども、同時に人間全体の問題だという意味で、一言で申しまして「不安」という言葉に置き換えられると思います。その不安の根っこにあるものは何だろうかと問うてみますと、この言葉で十分かどうかわかりませんけれども、「孤独感」だと思います。孤独という感情だと思います。その孤独感も条件はたくさんあり、どんなに条件を取り払っても除くことができない孤独感というものが、人間の根底にあるんだと思うんですね。その根底に潜んでいる孤独感というのはいったいどういうことなのかと押さえ直してみますと、案外思っていることと違っているかもわかりません。私は、孤独感とは何よりも「ひとりになり切れない」ということだと思います。

他人の人生を生きる

人間という「人の間」を生きる存在とは、大勢の人と一緒に生きているわけです。大勢の人と生きているという関係、存在としての人間ということで申しますと、「ひとりになり切れない」孤独感とは、「他人ばかりの人生しか生きられない」ということじゃないんでしょうか。ですから人間の根底にある孤独感には二つの理由があるわけですね。「ひとりになり切れない」ということ、もうひとつは、それを関係存在という人間の生き方の中で「他人ばかりの人生を生きている」ということだろうと思います。

夫婦喧嘩というのがございますね。「夫婦喧嘩は犬も喰わない」というのも無理もないなと自分でも、喧嘩した後で反省して思いますけれど、ほんとに他愛ないもんですよ、夫婦喧嘩の理由というのは。きっかけはただ虫のいどころが悪かったというのと、そのところへ、茶わんがひっくりかえったというそれだけのことなんですね。それで大喧嘩になるわけでしょう。だいたい理由がそんなところにあるものですから、それほど質は深刻にならないんですね。ならないから最後に言うことがなくなってくるんです。なくなってどう言うか、だいたいこの夫婦喧嘩というものには、決まり文句があるものなんですね。旦那さんのほうから奥さんに言う時には、「お前のような女だとは思わなかった」。まあ、言葉の表現は違うでしょうけれども、だいたいそれが最後の落ち着く言葉じゃないですか。それに対して奥さんのほうも負けずにというわけで、切り返して「あんたのような人だとは思わなかった」と。

「語るに落ちる」という言葉がありますけれども、見事に正体を言い当てておりますね。結婚して一年目ぐらいでの喧嘩なら「思わなかった」でもそれはいいですよ。十年経ってもやはり茶わんがひっくりかえった何だということで、最後には「思わなかった」と言うんでしょう。三十年経ってもやはり「思わなかった」と言うんです。三十年経って「あんたのような人だとは思わなかった」「お前のようなやつだとは思わなかった」と言っているということは、その人は誰と結婚していたのか。隣にいる主人とは一緒でなかった、三十年間誰と一緒にいたのか。自分の思いと一緒にいただけなんですよ。隣にいる奥さんとは一緒にいなかったということなんです。この決まり文句は、自分の思いと、隣にいる奥さんなり旦那さんなりの思いとが違っていたということを、正直に告白しただけの話なんですよ。

だから、夫婦喧嘩の常套語《じょうとうご》と申しますか決まり文句というのは、結局は、他人の世界でしか生きていなかった、したがってひとりになり切れない世界でしか生きていなかったということを、日常茶飯事のなんでもないところで正直に告白しているんです。人間というものは正直なものですね。そして可愛らしいものです。正直に告白して、その可愛らしさの延長に離婚するということになっていくわけですね、厄介な話ですけれども。そういうことなんです。

孤独はどこにある

私がそんなことを思います時に、やはりこれも曽我量深先生の言葉でありますが、

「人間というものは、わがままなものでありまして、一人になると淋しい淋しいと愚痴を言い、大勢になると、やかましい、やかましいと文句を言う。しかし、正しいおみのり(教え)を聞かせていただくと、一人になれば、ああ、静かだなと喜べ、大勢になれば、ああ、賑やかだなと喜べるようになる」 (曽我量深の言葉)

と言われたことを思い出します。見事に言い当てているという気がしませんか。人間というものは我がままなものでありまして、その我がままというのは、「思わなかった」ということと一緒でしょう。自分の思いどおりにいかなかった。自分の思いと違っていたということですからね。その「思わなかった」ということを先生ははっきりと言葉にして、「人間というものは、我がままなものでありまして……」とおっしゃいます。

さてそれじゃあ、正しい教えによって何が明らかになったら、我がままでなくなるのでしょうか。これが、今日お話しをすることの中心にしたいことであります。

もう亡くなられましたが、三木《み き》清《きよし》という有名な哲学者が『人生論ノート』という本を書いておられます。その中に、

「孤独は山になく、街にある。一人の人間にあるのでなく、大勢の人間の『間』にあるのである……」（「孤独について」より）

と言っております。これもやはり同じことを言っているのでしょう。孤独ということが、人間の苦しみとか悩みとかすべての根っこにある問題ではないかと。孤独は、じゃあ淋しい所に行くと孤独になるのかというとそういうわけでもないんだ。だから孤独は山にあるというわけでもなく、むしろ街にあるんだ。むしろ大勢の人間の間にあるんだと、こう言っていますね。それで、先程私流の言い方で、不安と言っていること、淋しいと言っていることは、押さえて言うならば、「ひとりになり切れない」ということであり、それを人間という関係を生きる存在ということで言い直すならば、「他人ばかりの世界にしか生きていない」ということじゃないかという言い方をしたのも、やはり同じことだろうと思いますね。ひとりになり切れず、したがって我らの世界がない、こういうところに人間の悲劇があると言いますか、人間であることの悲劇があるのだと思いますね。

私はこんな仕事をしております関係で、結婚式の披露宴に、よく出席をさせていただきます。

三木清（みき・きよし）
――1897-1945。兵庫県出身。哲学者。日本での歴史哲学の開拓者の一人。終戦直後に獄中で死亡。『人生論ノート』（1941年、創元社、絶版）ほか多くの著作をなし、最晩年の未校訂の作品に「親鸞」がある。『三木清全集』（岩波書店）として集録。

でも、私がお祝いの言葉を述べますと、あとの人が困るというので評判がよくないんです。それはなぜかと申しますと、みんな本当に見事に新郎新婦を誉めたたえて、将来に対する期待や希望を述べておられるんですね。まあ、自分の先輩、あるいは友人の結婚を羨望《せんぼう》の眼をもって述べるその祝辞はちょっと感じが違いますけれども、むしろ新郎新婦と同じように結婚生活のスタートを切って、十年二十年と夫婦生活・家庭生活を送っている人が後輩に贈る祝辞というのを聞いておりますとね、どうも恨《うら》み節という感じがしてならないのです。どうしてかと申しますと、ひとつの嘘があるんですね。嘘というとちょっと大袈裟ですけれども、なおも見果てぬ夢に身を託していくということかもわかりませんね。

よく「夫婦は一心同体でありますから」という言葉が披露宴のお祝いの言葉に出てまいります。あれほど嘘はないですよ。人間いろいろ嘘を言いますけれど、一心同体ほどすぐバレる嘘はないですよ。そして言っているご本人は、一心同体でないことを十年なら十年、嫌ほど知ったわけです。嫌ほど知っていて、これから二人がひとつの家庭を営んでいこうとする出発に「夫婦は一心同体でありますから」と言う。こんな嘘をよく言えるナと思うくらい、これは嘘ですね。やはり見果てぬ夢をまだ追いかけていくということであるかもわかりませんですね。それに対して私が「それは嘘だ」とは言いませんけれども、いつも必ず何か違う表現で語るわけです。ですから、一心同体ということを話の内容に盛り込んで話そうとお考えになっておい

でになるあとの方々は皆、困るというわけですね

一心同体ということについて「そこには嘘がある」とはっきり言葉にしてしまいますのは、もちろん私の人生の家庭生活の中でも実感はしておりますけれども、それだけではないんです。じつは中国浄土教のある意味では大成者と言ってもいい善導《ぜんどう》という方がいました。親鸞聖人も非常に尊敬をしていて、特に親鸞の師匠でありまず法然上人が「ひとえに善導一師に依《よ》る」、つまり「私は善導大師というおひとりの方の教えによって真実の宗教に目覚めた」とまで言い切っておられるんですね。その善導が「仏説観無量寿経」という経典を解釈しておいでになりますが、その言葉についての日本語読みがあるので、それをちょっと読んでみます。

「宿縁の業、重し、久しく近付きて夫妻なり、体《たい》は別なれども心同じ。」（観無量寿経疏）

私流に荒っぽく現代意訳をさせていただきますと、「宿世の縁の働きとはじつに重いものである。おそらく幾世をかけて互いに近付き、今夫となり妻となったのである。だからこそ、夫婦とは体は別であっても、心を同じくする存在なのであります」。こういうことだろうと思いますね。

ここではっきり一心同体でないと言っているわけですね。別体であり、同心だと言っているんですね。同体ということは決してない。だから夫がどれほど苦しんでも、その苦しみを代わってあげるということはできない。妻がどれほど悩んでも、その悩みをそっくりそのまま代替《だいたい》

善導（ぜんどう）
――613-687。中国・唐代の僧。中国浄土教の大成者。道綽の弟子。その主著『観経疏』（全4巻）は日本浄土教に多大な影響を与えた。浄土七高僧の一人。
法然（ほうねん）→ p.55参照
仏説観無量寿経（ぶっせつかんむりょうじゅきょう）→ p.107参照

するということもできないのです。そこに人間の問題があるんですね。ただ、その肉体、ボディが別であるということではないんです。

その「体《たい》」という意味は生活、そしてその生活の容態、したがって生活の実相であり、それが別だと言うわけですね。だから、いくら夫婦であって相思相愛だと言いましても、夫が妻に代わることはできず、妻が夫に代わることもできないという、これが厳然とした事実なんですね。その代わることができないということをはっきり認識をしないと、そこから「思わなかった」という先程の過ちが起こってくるわけです。

代わることのできない証拠に、一緒に死ぬということはないのですよ、滅多に。霧島昇《きりしまのぼる》さんが亡くなって、すぐ後を追って松原操さん、相思相愛と言われた奥さんが亡くなったということがありました。あんな珍しいケースも少ないんですが、でもやはり時を同じくはしておりませんですね。心中というのがあると言われるかもしれませんけれども、やはり別々に死んでいるんですよ。そういう意味では、本当にどんなに相思相愛だと言っても、体がひとつということはないということの事実にはっきり目を開いたうえで、体が別だと認識して、心は同じという世界をなんとか明らかにしていかなくては、本当に豊かな家庭生活というものは生まれてこない。それが一心同体という夢から出発するものですから、途中で「思わなかった」ということになり、またそのうえにその夢を追っていこうといたしますから、ますますもって心を同じく

霧島昇（きりしま・のぼる）
——1913-1984。福島県出身。「ああ誰か故郷を想わざる」などのヒット曲を持つ歌手。妻、操とはおしどり夫婦として評判だった。

していかなくてはならない人間の根源的な責任を果たさないで、終わってしまうわけですね。

善導大師の言葉を通して、私の生活の中で実感していることでありますけれども、まあ、結婚式の披露宴での話だけにこれを使っているわけじゃありません。このことがじつは、人間という存在の孤独という問題の根っこを、やはりきちっと押さえている、しかも具体的に押さえていると言っていいと思います。

三つの問答態

歎異抄の二条、九条、十三条、この三つはそれぞれ問答態の形式が違っているんです。次回の講座では、歎異抄というのはこんな構造になっていますよということをできればお話ししたいなと思っております。歎異抄は不用意に書かれていないんですね。非常に精密に書かれているんです。今日の講座ではこの三つの章について、「ひとり、我ら、罪の身」という重要な問題を扱っている章であり、しかも問答という形態で明らかにしているけれども、問答の形式が三つとも違うということをみてまいりましょう。

二条は、問うた人の質問が冒頭にないんです。そして返事をしたほうの、親鸞の返事ばかりでずーっと最後まで書かれているのです。読んでおりますと、問うた人が何を問うたかがわか

歎異抄　2、9、13条（該当部分）→p.196-198参照

るという形での問答態なんですね。見事なものです。

おのおの十余《じゅうよ》か国《こく》のさかいをこえて、身命《しんみょう》をかえりみずして、たずねきたらしめたまう御《おん》こころざし、ひとえに往生極楽のみちをといきかんがためなり。（歎異抄　二条）

と、これは親鸞が語っている言葉です。そして二条のずっと最後の、

このうえは、念仏をとりて信じたてまつらんとも、またすてんとも、面々《めんめん》の御《おん》はからいなり　（同右）

ここまでが親鸞の言葉です。しかしこれをじっと読んでいますと、その中で尋ねた人間は何を尋ねたかがちゃんとわかるように書かれているんですね。だから問答形式なんです。

その次の九条はどうなっているかと申しますと、今度はお弟子である唯円《ゆいえん》という人の質問から始まっているんですね。唯円は、

「念仏もうしそうらえども、踊躍歓喜《ゆやくかんぎ》のこころおろそかにそうろうこと、またいそぎ浄《じょう》土《ど》へまいりたきこころのそうらわぬは、いかにとそうろうべきことにてそうろうやらん」

と、もうしいれてそうらいしかば　（歎異抄　九条）

と丁寧な言葉使いを使っています。これを質問している唯円という人は、ある意味でちょっとおずおずと、こんなことを言ったら叱られるんじゃないかという感情をもちながら尋ねているのでしょう。「お念仏の教えを聞かせていただいて、念仏を申している時には本当に踊りあが

唯円（ゆいえん）→p.93参照

るような喜びを経験したこともありますけれども、この頃はさっぱり嬉しいとも思いません。そして浄土へまいるのだと教えられましたけれども、急ぎ浄土へまいりたいという心もさっぱり起こってきませんが、いったいこれはどうしたもんでしょうか」と。「誠にお恥ずかしいことですが、今頃こんなことをお尋ねしなくちゃなりません」と、そんな感情で質問していますね。それに対して親鸞の答が出てくるという形で、我らの世界を語っているわけです。

そして最後の十三条でありますけれども、今度は親鸞のほうから仕掛けていった問いです。これは完全に仕掛けていったと言っていいですね。それは、

また、あるとき「唯円房《ゆいえんぼう》はわがいうことをば信ずるか」と、おおせのそうらいしあいだ、「さんぞうろう」と、もうしそうらいしかば、「さらば、いわんことたがうまじきか」と、かさねておおせのそうらいしあいだ、つつしんで領状《りょうじょう》もうしてそうらいしかば、「たとえば、ひとを千人ころしてんや、しからば往生は一定《いちじょう》すべし」……（歎異抄　十三条）

という話なんです。簡単に申しますと「唯円房、お前はよく私の話を聞いてくれるけれども、私の言うことならばどんなことでも信ずるか」と、こう親鸞が本当に仕掛けていくわけです。そして唯円が「お師匠様のおっしゃることでありますならば、どんなことでも違《たが》うことはありません」と言ったら、「本当にそうか」と念を押すんですね。「ご念には及びません」と唯円が答えますと、その念を押した親鸞が「千人、人を殺して来い、往生できるよ」と、こういうと

んでもないことを言い出すんですね。だからこれは完全に師匠親鸞が問いかけて、そして弟子である唯円の心の中に、見えないで隠れているものを引き出してくるという形をとった問答なんですね。

だから、この三つは問答形式と言いますけれども、全部違うんです。二条は親鸞ひとりの語らいの中に問いまでわかるという形式。九条は弟子の問いを受けて親鸞が答えるという形式で、そこに我らの世界を明らかにしていく。十三条は師匠である親鸞の問いかけに対する弟子の答を聞き取って、それを押さえておいて、そこから親鸞が語りかけていくことの中に、人間が最後まで隠しているある意味での恥部と言ってもいい、人様の前にはさらすことのできない部分があらわにされてくる、という形を取っているわけですね。だから十三条というのは非常な荒療治であるわけですね。まあ、三つの章の中に、これだけのことが出てくるわけであります。

二条・ひとりの確立

さて、二条は一言で申しますと「ひとりの確立」だと言えるでしょう。そのひとりの確立の内容が、二条の親鸞の答の中に明らかになっているということだと思います。長い文章ですから本文を読んでお話しは申しませんけれども、ひとつだけ押さえておいていただきたいと思いますのは、どんな質問をしに来たかということについてです。

ここでは「十余《じゅうよ》か国《こく》」と言っております。おそらく当時の関東の常陸《ひたち》という国から順々に国を勘定してまいりますと、京都の地までちょうど十余ヵ国になるわけであります。ですから常陸から京都まで命がけでお弟子たちがあることを尋ねに来たということですね。そして親鸞聖人は「あなた方が尋ねなくちゃならないことは、ひとえに往生極楽の道、ひとつであります」とこういうふうに言い切るわけです。聞きに来た人たちの心は、たしかに「往生極楽の道」と親鸞が言い切ってくれるようなことを尋ねる以外に何もないと思っていたんですけれども、その内心を親鸞はちゃんと見抜いているんですね。どう見抜いているかと言うと、

しかるに念仏よりほかに往生のみちをも存知《ぞんじ》し、また法文等《ほうもんとう》をもしりたるらんと、こころにくくおぼしめしておわしましてはんべらんは、おおきなるあやまりなり。

（歎異抄　二条）

と、こう言ってます。聞きに来た人も、それは命がけでやって来たのです。やはり往生極楽という言葉で語られるような宗教的真実を明らかに教えてほしいから、命をかけて来たに違いないですね。しかし人間というのは、真面目であればそれでいいとは限らないのです。真面目という姿の中に案外、見えない不真面目さがある。親鸞はそれを見逃さない。そして、命がけでやって来たからと言って遠慮をなさらないんですね。むしろ命がけでやって来たからこそ、真

常陸（ひたち）
——現在のほぼ茨城県北東部にあたる地域の旧国名。

実のことを明らかにしなくちゃならないわけです。

親鸞は尋ねてきた人たちの意識の表面を見ながら、話を聞きながら「あなた方の心の中には、この親鸞が関東であなた方と一緒にいた時に話したことの他に、まだ言い残していること、隠していることがあると思っているんじゃないんですか。それを聞かせてもらわないと落ち着かないと言うんじゃないですか」とこう言うのです。「念仏より他に往生の道をこの親鸞は知っているんじゃないだろうか。あるいは、念仏せよと言うけれども、その他のもっと奥深い道理のある教えを知っているんじゃないだろうか、と思っていないですか。もしもあなた方が、心の中のどこかでそう考えておいでになるならば、それはとんでもない間違いですよ」という意味で親鸞は言うんですね。今日は突き詰めて申しませんけれども、人間の、宗教という事柄に関わっての問いというのは、いくら眉間に皺《しわ》を寄せましても、それだけでは真剣だという証拠にならないということが言い当てられていると思いますね。

そしてそれに対しての親鸞の答が非常に明晰《めいせき》なんです。一気呵成《いっきかせい》に語るんじゃなくて、一つひとつ、親鸞自身を確かめていく形で語っているんですね。しかも、その語っている言葉使い、このへんは、やはり歎異抄という書物を書かれた人自身の素晴らしい洞察力と申しますか、あるいは透明な感覚とでも言いますか、それが言葉を生み出していくわけですね。


親鸞《しんらん》におきては……

（歎異抄　二条）

と、こう言います。これが「ひとり」ということの見事な自立者の発言ですよ。

　だいたい私たちは、――いやもう、私たちと既に言ってしまいましたけれども、いつも申しますように、私がお一人おひとりに「『たち』になっていただけますか?」と了承をとっておりませんから、「たち」と言っても勝手に私が引っぱりこんだだけの話です。でも、「私は」とは言いにくいものでしょう。日常の会話など、喧嘩でもする時以外は「私は」と言わないんじゃないですか。たいてい「私たちは」「我々は」と、もうひとりの「我」を仲間に引き込まないとなかなか言えないのじゃないですか。全責任をもって発言ができないのじゃないですか。「私」という言葉さえ言えないんですから、ましてや、私という言葉も一般的に誰でも使う言葉でありますから、「私と言っても、この私を言ったんじゃない」と弁解もできますよね。

　ところが、その弁解を許さない形で、親鸞が語った言葉が「親鸞におきては」なのです。他の方がたとえ何万人おいでになって、あるいは何十万人おいでになって違うことをおっしゃろうとも、この親鸞に限っては、とこう言っているんです。この親鸞に限っては、と言い切れることはもう、「この親鸞は、他の人が九百九十九人全員が間違いだと言われても言われなくても、そのことに関係なく、この親鸞にとってはこれが真実なんだ」と、こういうことなのですね。だから「親鸞におきては」と、親鸞という名前を自分で言うんです。

　ちょっと普通に考えてごらんになってもわかるでしょう。自分の名前を言いながら話をするということはまずないのじゃないですか。私たちの一日の会話を振り返ってみても、私は「廣瀬杲」という名前ですけれど、「タカシにおいては、タカシは……」なんて言っていたら「ちょっと変じゃないか」とか言われますよ。でも、親鸞は「親鸞におきては」と言い切るんです。言い切れる内容が何であるかと言ったら、

ただ念仏して、弥陀《みだ》にたすけられまいらすべしと、よきひとのおおせをかぶり(蒙)て、信ずるほかに別の子細《しさい》なきなり。（歎異抄　二条）

そして、一番終わりのほうに近いところでは、

詮《せん》ずるところ、愚身《ぐしん》の信心におきてはかくのごとし。（同右）

という言葉が、「親鸞におきては、かくのごとし」、こう言い切っている言葉なんです。これが自立者の発言ですよ。

はっきり二条が言い切っているのは、信仰とは何か、真実の救済とは何かと言ったら、親鸞におきてはかくのごとしと言える人間になることが救済ということである。人に手をとってもらい、連れていってもらうことが救済ではない。完全なひとり立ちをして私の足で私の体を運んでいく。これに何の愁《うれ》いもないし、何の後悔もない、とこう言える人間にならしていただけることが救済ということの真実である、という内容を「親鸞におきては、かくのごとし」と言い切るわけですね。

だから、その内容を伝える時に、「だからあなた方も信じなさい」とは言わないんですよ。親鸞は、

このうえは、念仏をとりて信じたてまつらんとも、またすてんとも、面々《めんめん》の御《おん》はからいなり　（歎異抄　二条）

と言っているんです。「これはあなた方お一人おひとりの問題ですよ。親鸞が言ったからといって信ずるんだったら、それはもう嘘ですよ。親鸞が言ったからといって信ずると、他の人に何か言われるとまた『違うんじゃないだろうか、もっと違うことを親鸞は知ってるんじゃないだろうか』と、またやって来なければならないですよ」ということです。そして「親鸞におきては、かくのごとし」と言い切った時、その「かくのごとし」と言い切れる内容を、「私はあなた方に押し付けようとは思いませんし、押し付けることもできません。それは聞き取っておいでになるあなた方お一人おひとりが、お一人おひとりの中で決着を付けて、お一人おひとりが全責任をもって、受け止めていただくことであります」とこう言っているわけですね。

したがって、「親鸞におきては、かくのごとし」と言えるようなひとりになって自足すると言いますか、自分自身で充足する、そういう人間を誕生せしむる働き、それが阿弥陀の本願ということなんですね。二条は、そういう問題を語っているんだとご了解をいただいておきたいと思います。

もうひとつ申しておきますけれども、曽我量深先生と親友でありました金子大栄先生がこの歎異抄の二条を「親鸞の自叙伝である」と言われました。親鸞は自分を語らない人だったということは以前に私もお話ししましたね。自分に関する私事を語らなかったんです。じゃあ、親鸞とはどういう人なのかというと、親鸞が「親鸞においては、かくのごとし」と語る内容が、親鸞の一生の姿なんですよ。だから「自叙伝だ」と金子先生はおっしゃるのです。こういう自叙伝が書ける人間に「私」自身がなる時、「私」は本当に恐れのない人間として一生を生きていくことができましょうし、不安から解放された人間として、どのような縁の中でも堂々と生きていくことができるに違いない、とこういうふうに思います。

曽我、金子という二人の先生の育ての親と申していい大先生がおられました。明治三十六年に結核で血を吐きながら四十歳で一生を終わっていかれた優れた仏教者、清沢満之先生です。その清沢先生は、

「独尊子《どくそんし》は独立自在《どくりつじざい》の分《ぶん》を守るものなり。（中略）彼《かれ》はけだし他力摂取《たりきせっしゅ》の光明《こうみょう》の中に浴《よく》しつつあるものなり」（清沢満之の言葉）

と言っています。「子《し》」というのは、特に明治の人たちの言葉にはよく出てきますね。「独尊子」というのは、独立自尊の人ということです。独立自尊の人というのは、つまり自立者、真の自立者、独立自在の分を守って生きていくことのできる存在だ、となります。しかしそれは、

金子大栄（かねこ・だいえい）→p.14参照
清沢満之（きよざわ・まんし）→p.25参照

「俺は他の人と違う」と言うことじゃなく、他力摂取の光明の中に浴して生きているということにおいて、独立自尊ということが本当に言えるんだということです。さっきの言葉で申しますと、「阿弥陀の本願に会うということにおいて、真に人間は独立自尊の分を守って生きていく、真の独立者になることができるんだ」と、こういうふうに言っているのが清沢先生の言葉です。これも歎異抄の二条が語っている内容を別な表現で語ってくださったのだと言っていいと思います。

二条は「ひとりの世界」を明らかにしている、したがってひとりの世界が明らかになることが救済の事実だと証明してくれます。

九条・我らの世界

そして九条は、「我らの世界」を示してくれる章だと言っていいと思いますね。この我らの世界と申しますのは、別に考えて出てくる世界じゃないんですよ。私たちが生きている事実が、じつは我らの世界を生きているということなんです。有無を言わさず、何の弁明も何の解釈も必要としないで、我らという世界を生きているんですよ。少し表現を変えて申しますならば、命を共同して生きているということです。

私があえて「我々」という表現と、「我ら」という表現は違うと言いますのは、「我々」と言う時は我と我とがバラバラなんですね。他人の「我」と他人の「我」とが一緒にいるというだけの話なんです。それこそ夫婦でも、ご主人という他人と奥様という他人とがひとつの家に「我々」として生活しているのかもわかりません。

でも、生命共同の世界を生きているというのが事実なんですよ。生き合いながら生きているわけです。そういう意味では、「我ら」の世界は人間と人間との間だけではなく、どんどん広げていきますと、それこそ曇鸞《どんらん》という中国の優れた仏教者が「四海の内みな兄弟だ」と言ったように、世界中の人々がすべて父母兄弟であると、こう言い切れるような命の連帯なんですね。もっと広く申しますと、草木国土まで命を共にしていると言えるような命の連帯、これが我らの世界なんです。そういう世界を私たちは間違いなしに今生きているんですね。

にも拘らず、それがわからない。わからないというところに、先程から申しております孤独とか不安とかの根っこがあるんですね。私たちにとって救いと申しますのは、事実が明らかになることです。事実以上のことは何も要《い》らないんです。それ以上のことはお荷物になるだけです。問題はその事実が明らかにならないから困りぬいているわけですね。すると事実とは何かというと、我らの世界を私は生きています、というこれだけのことなんです。それをわからなくしているのは何かと申しますと、親鸞聖人は「自力の心」あるいは「自力の執著心」だと言

曇鸞（どんらん）
——478-542。中国・北魏期の僧。浄土教を中観思想で体系づけた。弟子に道綽がいる。世親の『浄土論』を注釈した『浄土論註』、『讃阿弥陀仏偈』などの著作がある。浄土七高僧の一人。

うのです。

ただここでも、ちょっとご注意を申し上げておきたいと思います。自力を捨てるという表現がよく使われますね。長い間仏教を聞いておいでになる方に時々「なかなか自力が捨てられません」というふうに悩まれる方がおいでになります。その真面目さ、真摯《しんし》さ、それはよくわかります。わかりますけれども、自力は捨てられるものではないんじゃありませんか。自力とは、そこらへんにありまして、ポイっと捨てるというようなものじゃないんじゃないですか。そういうことを「自力を捨てる」というんじゃないんだと思いますね。

じゃあ、どういうことなのか、親鸞の言葉で申しますと、親鸞は自力を捨てるということを、

自力《じりき》の心《しん》をひるがえし、すつるをいうなり。（唯信鈔文意）

と言います。「ひるがえす」つまり、表をひっくり返すと裏になる、その途端にそれまで裏であった面が表となるということですね。そのように、ひるがえすということが捨てるということだと言うんです。自力を捨てたら、それこそ生きる力も、命もなくなってしまいますよ。だから、ここで自力を捨てるということは、何のためらいもなく何の遠慮もしないで、自分の自力いっぱいを尽くし切れるということが自力を捨てることだと思います。

なぜ尽くし切れるのか。それは執着の心をひるがえすことができるから、私は誰に遠慮する

唯信鈔文意（ゆいしんしょうもんい）→p.105参照

こともなく、誰の目を気にすることもなく、私は力いっぱいを尽くして、命の尽きるまで生きていきますと、こう言えるわけでしょう。そういう自力の心をひるがえし、捨てるということのできた時、初めて見えてくる世界が「我らの世界」なんですね。命を共同している世界に私がいた。「雨土のもとに我あり、一人あり」。こんな俳句を作られた方がおりますが、本当にひとりということを、自力をひるがえし、捨てる世界に見出してみますと、私はひとりぼっちではなかった。生きとし生けるものの命の中に私という命が今あったんだと、こう気付いた時、本当の意味での賑やかな世界に私が生きているという安らぎを見出すことができる。こう語っているのが九条ですね。それを、私流に申しますと「みな友だちである世界に目覚める」ということでしょう。

みな友だちである世界に目覚める。それを、親鸞は、

「御同朋、御同行」

と言われたんです。それが九条の「我ら」の世界ですね。

十三条・罪悪深重の身

それから十三条に表されているのが、我らの世界への目覚めを疎外するものが何であるかと

いうと、「宿業」という言葉で語られている事柄である、ということです。

この宿業という言葉が実体化されて、宗教・信仰の言葉である意味を失ってしまうと、どんな犯罪的な役割を果たすのかということにつきましては、第三回講座でお話をしたと思います。そしてそれが今日においても、人間の差別の助長をしていく言葉となって、まったく内容を変えて働いているということについてもお話をしたと思います。あくまでもここでは、宿業とは「信仰者の内なる自覚」の言葉だと、はっきり了解をしておいていただきたいと思います。それ以外の言葉ではない、それ以外のところで、それ以外の事柄として使ってはならない言葉だということですね。

親鸞聖人はその宿業について何を十三条で語ったのかをお話しします。

唯円はお師匠様の言うことを聞くと言い切ったにも拘らず、その舌の根の乾かないうちに「自分の力では千人どころか、ひとりをも殺すことができません」と、平気で意をひるがえしてしまうわけですね。言うならば「たとえ火の中水の中へでも飛び込むつもりでおりました。けれども、いくらお師匠様のおっしゃることでありましても、人を殺すことは、私の力ではとてもできません」と言った。「じゃあお前、さっき何でそんなこと言ったんだ」と親鸞はなんか意地の悪いことを言って、「これでわかっただろう、我が心のよくて殺さないのではない。

宿業（しゅくごう）→ p.92〜本文参照

また、殺すまいと思っても千人を殺すこともないとは言えないんだ」と言うわけですね。ここで何を教えているかと言ったら、自力の執心を取り払ってみると、人間は縁によって生きているという事実が見えてくる、ということなんですね。

と同時に、ここで罪ということが語られてきます。今日はこの罪ということについては十分時間がありませんから、そのもっとも大事な所だけ申しておきます。

歎異抄には「罪」という言葉が盛んに出てまいります。「罪悪深重」とか、「煩悩熾盛」や「煩悩具足」などの罪という言葉に関わるいろんな事柄が出てきますが、仏教、なかんずく親鸞が語るところの「罪」という言葉は、何かについて悪いことをしたという場合の罪ではないんです。そうではなく、生きているということが罪の身を生きているんだという自覚であると同時に、責任の言葉であると言っていると私は思いますね。

ひとりの詩人、先回もお話をした榎本栄一さんの詩の中に「罪悪深重」という題の詩がございます。罪が深く重いということですが、その詩には、

「私はこんにちまで／海の　大地の／無数の生きものを食べてきた／私のつみのふかさは／底しれず」（『詩集　煩悩林』より）

とあります。罪悪深重とはこういうことなんです。これは別に悪いことをしたということでは

榎本栄一（えのもと・えいいち）→p.131参照

ないでしょう。生きているということでしょう。「私は今日まで」と榎本さんはおっしゃるけれども、私も今日まで海の大地のすべての生き物を食べて生きてきています。ただ、それが「罪の深さは底知れず」というふうに気付けないいんです。当たり前と思っているんです。ところがその当たり前は、いかなる生き物に対しても食べていいという許可を得ておりません。

大変きついことを申し上げるようでありますが、皆様方、お忙しい中、この会場までお運びくださいましたけれども、皆様方の足の下で無数の命が死んでいっているという事実にお気付きになられますでしょうか。もしその無数の生き物が「痛い！」とか「つらーい」とか言って、人間と同じように叫んだらどうでしょう。一歩も足を踏み出すことができないでしょう。にも拘らず、平気で踏みにじっていくならば、その人は人でなくなってしまいますよ。とすると「罪悪深重」ということは、人間として生きるということが犯している罪というよりも、生きている事実がそういう罪の事実を生きているんだ、ということに対する深い責任の言葉なんですね。

だから罪悪深重の存在として生きている事実がわかった人は、その私の命のただ中で死んでいったすべてのものを再生していく責任があるのです。私という一個の人間が許可も得ないで殺してきた無数の生き物もやはり、我々に殺され食べられるためにこの世に生まれてきたわけじゃないんです。そうすると、その無数の生き物は命を終わっていく時、死んでいく時に、おそらく無言で我々に声をかけていたと思いますね。「どうか、我々の死を無駄な死にしないでくださいよ。あなた、責任ありますよ」と。こういう無言の声が聞こえてくるはずです。とすると、私がその無言の声に対して責任を負わなければ、鬼です。

これは単に個人の問題ではありません。広く展開してまいりますと、公害の問題、あるいは現在問題になっております核の問題、さらには人類の滅亡をひき起こすであろうすべての問題まで、根っこはそこから出発しているのです。すべて、私という一個の人間の私有化の中に全部おさめて平気でいられるというそこから、自己を本当に奪還をして、罪悪深重の身ということにうなずけた時、初めて人間は人間になることができる。と同時に、私の命をまっとうすることの中で、本当にすべての生き物の死を無駄にしない役割を果たしていくことができる。これが救いなんですね。

ですから救いというのは、楽になることではないんです。反対に救いというのは、「ひとりという独立ができる」、「我らという広やかな世界を見出すことができる」、そして「罪の身という責任をもって、一生を我がままに生きてはいかないという厳しさをもっている」。この三つが、親鸞があえて語った救いの内容であり、したがって歎異抄の作者がそれを問答という形式にまでして、三つの章で語ってくださった事柄であると申しておきます。

歎異抄　二条（抜粋）

おのおの十余《じゅうよ》か国《こく》のさかいをこえて、身命《しんみょう》をかえりみずして、たずねきたらしめたまう御《おん》こころざし、ひとえに往生極楽のみちをといきかんがためなり。しかるに念仏よりほかに往生のみちをも存《ぞん》知《じ》し、また法文等《ほうもんとう》をもしりたるらんと、こころにくくおぼしめしておわしましてはんべらんは、おおきなるあやまりなり。もししからば、南都北嶺《なんとほくれい》にも、ゆゆしき学生《がくしょう》たちおおく座せられてそうろうなれば、かのひとにもあいたてまつりて、往生の要《よう》よくよくきかるべきなり。親鸞《しんらん》におきては、ただ念仏して、弥陀《みだ》にたすけられまいらすべしと、よきひとのおおせをかぶ《(蒙)》りて、信ずるほかに別の子細《しさい》なきなり。念仏は、まことに浄土《じょうど》にうまるるたねにてやはんべるらん、また、地獄《じごく》におつべき業《ごう》にてやはんべるらん。総《そう》じてもって存知せざるなり。たとい、法然聖人《ほうねんしょうにん》にすかされまいらせて、念仏して地獄《じごく》におちたりとも、さらに後悔《こうかい》すべからずそうろう。そのゆえは、自余《じよ》の行《ぎょう》もはげみて、仏《ぶつ》になるべかりける身《み》が、念仏をもうして、地獄にもおちてそうらわばこそ、すかされたてまつりて、という後悔もそうらわめ。いずれの行もおよびがたき身なれば、とても地獄は一定《いちじょう》すみかぞかし。……念仏をとりて信じたてまつらんとも、またすてんとも、面々《めんめん》の御《おん》はからいなりと云々

歎異抄　九条（抜粋）

「念仏もうしそうらえども、踊躍歓喜《ゆやくかんぎ》のこころおろそかにそうろうこと、またいそぎ浄土《じょうど》へまいりたきこころのそうらわぬは、いかにとそうろうべきことにてそうろうやらん」と、もうしいれてそ

うらいしかば、「親鸞《しんらん》もこの不審《ふしん》ありつるに、唯《ゆい》円房《えんぼう》おなじこころにてありけり。よくよく案じみれば、天におどり地におどるほどによろこぶべきことを、よろこばぬにて、いよいよ往生は一定とおもいたまうべきなり。よろこぶべきこころをおさえて、よろこばせざるは、煩悩《ぼんのう》の所為《しょい》なり。しかるに仏かねてしろしめして、煩悩具足《ぼんのうぐそく》の凡夫《ぼんぶ》とおおせられたることなれば、他力の悲願は、かくのごときのわれらがためなりけりとしられて、いよいよたのもしくおぼゆるなり。また浄土《じょうど》へいそぎまいりたきこころのなくて、いささか所労《しょろう》のこともあれば、死なんずるやらんとこころぼそくおぼゆることも、煩悩《ぼんのう》の所為《しょい》なり。……」と云々

歎異抄　十三条（抜粋）

弥陀《みだ》の本願不思議におわしませばとて、悪をおそれざるは、また、本願ぼこりとて、往生かなうべからずということ。この条、本願をうたがう、善悪の宿業《しゅくごう》をこころえざるなり。よきこころのおこるも、宿善《しゅくぜん》のもよおすゆえなり。悪事《あしきこと》のおもわれせらるるも、悪業《あくごう》のはからうゆえなり。故聖人のおおせには、「卯毛羊毛《うもうようもう》のさきにいるちりばかりもつくるつみの、宿業《しゅくごう》にあらずということなしとしるべし」とそうらいき。また、あるとき「唯円房《ゆいえんぼう》はわがいうことをば信ずるか」と、おおせのそうらいしあいだ、「さんぞうろう」と、もうしそうらいしかば、「さらば、いわんことたがうまじきか」と、かさねておおせのそうらいしあいだ、つつしんで領状《りょうじょう》もうしてそうらいしかば、「たとえば、ひとを千人ころしてんや、しからば往生は一定《いちじょう》すべし」と、おおせそうらいしとき、

「おおせにてはそうらえども、一人《いちにん》もこの身の器《き》量《りょう》にては、ころしつべしとも、おぼえずそうろう」と、もうしてそうらいしかば、「さてはいかに親《しん》鸞《らん》がいうことをたがうまじきとはいうぞ」と。「これにてしるべし。なにごともこころにまかせたることならば、往生のために千人ころせといわんに、すなわちころすべし。しかれども、一人《いちにん》にてもかないぬべき業縁《ごうえん》なきによりて、害せざるなり。わがこころのよくて、ころさぬにはあらず。また害せじとおもうとも、百人千人をころすこともあるべし」と、おおせのそうらいしは、われらが、こころのよきをばよしとおもい、あしきことをばあしとおもいて、願の不思議にてたすけたまうということをしらざることを、おおせのそうらいしなり。……「さるべき業縁《ごうえん》のもよおせば、いかなるふるまいもすべし」とこそ、聖人《しょうにん》はおおせそうらいしに、……願にほこりてつくらんつみも、宿業のもよおすゆえなり。さればよきことも、あしきことも、業報《ごうほう》にさしまかせて、ひとえに本願をたのみまいらすればこそ、他力にてはそうらえ。……

第6回講座

歎異抄の構造

今回が最終回でございます。

「歎異抄の心を語る」という題名でお話を始めましたものですから、私も最初の頃はかなり気楽に考えておりました。「〝心〟だから、何を言っても、心ということになるだろう」ぐらいの見当で話してきたわけでありますけれども、だんだん話をいたします私の気持ちのほうが窮屈になってきたのでしょうか。あるいは逆にお聞きになる皆様方のほうが真剣になっていってくださるのでしょうか。風景を探るようなタッチでお話しするというのも、「心」ということのもっている意味にはなるだろうと思います。けれども、同時に、「歎異抄の心」と言った時に、心が人間の心臓を形どった字だと言われておりますように、やはり歎異抄の中心問題とでも申しましょうか、あるいは歎異抄の基本の精神とでも言いますか、そういうことがどこかお話し合いの中で確かめられなくてはいけないのだなと、こんなこともだんだん思いだしました。

それでも実際には、最初に気楽に考えたようなところで遊んでしまったのではないかなという反省ももっているわけであります。しかし同時に、ただ遊ばせてくれないのが歎異抄であります。何かこう、時代や社会の制約を超えて、人間の問題の中心に肉迫するという基本的な性格が歎異抄のほうにあるのです。そのあたりのことを主題にしつつ、お話をしてきたということは間違いがないと思っております。それが果たして「歎異抄の心」になっているかどうか。これはもう、お聞きくださる皆様方のほうで、それぞれにご判定くださるように、おまかせをするということにして、今回で終わらせていただこうと思います。

先回、一番最後にちょっと駆け足のような形でお話をいたしましたので、そのへんを少しおさらいをいたしまして、最後に私の中でこれだけのことはできたらお話ししたいということがひとつございますので、そこまで行けるかどうか自信はありませんけれども、そんな順序でお話をしてまいろうかと思います。

さて先回は、「ひとり・我ら・そして罪」、こんなテーマを出してみました。

そして、お話しをしました事柄は、歎異抄全体が聞き書きであるという基本の性格をはっきりと文章の体裁、形式にまで具体化して表現しているところが三ヵ所あるということを申しました。それは、二条と九条と十三条であると。その三つの章が、じつは私が目安に出しました、「ひとり・我ら・そして罪」の問題を主題的に扱い、語りかけてくれると了解していくことができるのではないかと、こんなお話をしたと思います。

私が目安を立てました先回のテーマは、仏教において明らかにされる救済・救いということの内容はどういうものなのかを、非常に的確にこの三つの章が我々に語りかけてくれるということに気付いたものですから、その確かめをしてみたわけであります。

浄土教は救済教？

極めて一般的な物の考え方でありますけれども、世界の宗教をいろんな先生方が論議をなさる時に、「救済教と自証教」というような言い方をします。あるいは、「救済教と自覚教」というような言い方をします。いわゆる救済という救いを内容として明確に打ち出している宗教と、自覚・目覚めということを内容としている宗教との二つの宗教形態に分けることができるということです。ある意味でこれは非常に荒っぽい分け方でもあります。けれども、そんな分け方をされる先生がよくおいでになります。皆様方も時によると、そういう分け方を既にご承知であるかもしれませんね。

だいたい宗教の問題が非常に難しいのは、いくら救いという救済が中心的な表現であると申しましても、非常に深いところで人間の目覚めが働いているというものがございますし、反対に、自覚・目覚めるというようなことが表に顕著に出ているとしましても、その具体的事実は人間の救いということを明らかにしているんだというふうに、交互に関わりをもっているからなんですね。そういうことで申しますと、そう簡単にスパっときれいに宗教形態を二分できないと私は思います。

いわゆる仏教というのは、ご承知のように仏教という言葉自体が「仏陀の教え」を表す言葉であります。そして「仏陀」という言葉自体が「目覚めたる人」という意味です。そうしますと、仏教は目覚めの宗教だということは動かせないと思うんですね。その目覚めの宗教である仏教の中での浄土教というならば、非常に平易に申しますと、阿弥陀如来のお救いによって浄土に生まれるという形を通して語りかけてくる教えの在り方があるわけですね。これは一見、自覚を本質とする仏教の中では特異な形態をもっていると了解をされることが多いと思います。

それが進んでまいりますと、浄土教と言われる宗教形態は仏教の本流から少しそれまして、ある意味では、どこかキリスト教的な救いの内容に近づいてきた形態ではないかと、こういう了解にまで進んでくるようであります。だいたい「救済の教え」と「自覚の教え」と言う時に念頭に出てまいりますのは、「キリスト教的な救い」「仏教的な宗教」ということですよね。

キリスト教的な救いとは……やはり世界の三大宗教と言われる中のひとつでありますから、そう簡単に物を言うことは許されませんので極めて手短に申し上げるだけですが、神の恩寵《おんちょう》ということがございます。その恩寵という言葉がどういう深みをもっているかは大変なことなのですけれども、やはり神のお恵みと言った時に、絶対者である神によって相対的存在が救われていくという筋書きをもっている、そういう宗教の在り方がキリスト教に代表される宗教と考えられるわけでしょう。

さて、それが宗教という事柄だとしますと、仏教の場合はかなり内容が違うわけですね。キリスト教的な事柄が宗教の本当の意味ならば、仏教はむしろ、どちらかと言うと哲学的な要素の極めて濃厚な人間の覚醒・目覚めを突き詰めていく道だとさえ言われます。そう言い切ったほうが事柄がはっきりしそうな感じさえするわけであります。そんな中で、法然上人によって浄土宗と言い切られた仏教、さらに親鸞が法然の教えを受けて浄土真宗という言葉で確かめました仏教は、仏教の本流が自覚だと考えてみますと、かなり違う姿をとっているわけですね。

今日では世界が狭くなりまして、世界中が非常に近い関係をもつようになりましたので、当然思想の中でもそういう近付きができてくるわけですが、外国へまいりましてもなかなか理解してもらえないのが浄土教、そして親鸞の宗教観なんですね。なぜ理解してもらえないかと申しますと、キリスト教の形態と浄土教で表現されている姿が非常に似ているからです。ですから話をしていきますと、それなら結局キリスト教と一緒じゃないかと、こういう答が返ってくるんですね。そういう意味では非常に面倒なんです。

だいたいその「浄土」ということが非常にわかりにくいんですね。キリスト教的宗教の中における天国と表現されている世界と、浄土とは、非常に似た感覚で受け止められるわけです。お念仏を称えて浄土へ生まれるというふうに表現された時、それはそのまま、神の恩寵によって天国に生まれるということとそっくりになってくるんですね。すると問題はどこを押さえた

法然（ほうねん）→ p.55参照

らいいのかと申しますと、親鸞がはっきり表現いたしました「浄土真宗」というこの四つの文字で押さえたことに視点を当てれば、事柄は極めて近いところまではっきりするのです。

もう誤解をなさるお方はここにはおいでになるまいと思いますけれども、念のため申しますと、私が申します「浄土真宗」は決して宗派としての、教団という意味での浄土真宗でないということだけは、ひとつはっきり念頭においていただきたいことであります。それは教団を否定しているという意味ではございません。そうではなくて、浄土真宗の名をもって教団が世にある限りにおいては、それは宗派によって自己保身のはかられるものではなくして、文字どおり親鸞が明らかにした「浄土真宗」を公開する社会的役割を果たすものでなくてはいけないということです。

ともかく、ここでお話ししております親鸞聖人が明らかにいたしました「浄土真宗」は、一宗派の教義とか、一宗派の宗教形態ではなくて、人間という存在にとって普遍的な意味で、真に人生のよりどころとなる事柄をどう表現するかというのが、「真宗」という言葉のもっている基本の意味だということですね。そういう意味では、真宗ということは、明らかに人間がそれによって生き、人間がそれによって死んでいくと言える人間の生死の畢竟《ひっきょう》のよりどころ、究極的なよりどころ、こういう意味だと言えます。真実なる肝要である、と真宗という言葉を受け止めていきますと、その上についております「浄土」という言葉の内容いかんによって、これがずいぶん変わってくるわけです。

「浄土」とは

ところで、親鸞聖人はその「浄土」につきまして非常にはっきりしたことを言っておられるんです。浄土というのは、仏様という偶像がたくさんいて、そこへ行くと八味《はちみ》の飲食《おんじき》と言われるいろんな美味しい物が食べられて、思う存分気ままに遊べる、というような世界ではないと。じゃあ、親鸞聖人は浄土をどういうふうに了解していたのでしょうか。それは今申しました「真宗」ということから浄土を確かめていきますから、内容がそういう人間の欲望の延長に描かれる夢の世界、楽天地ではなくなってくるわけですね。夢見ることができない現実を生きていて、その夢見ることのできない現実の中で苦しんでいる人間が、苦しみを簡単に解消するわけにいかないという事実の中で真に苦しみを生き抜くという根拠は何か、とこう尋ねていくわけです。そうなりました時、親鸞ははっきり、「浄土とは阿弥陀の本願の酬報《しゅうほう》する世界である」と言っています。

この「酬報」という字は、ひっくり返しましますと「報酬」という字であります。いわゆる労働に対して報酬をもらうという、あの報酬ですよ。ただ、親鸞の言葉のほうが先にあったわけであります。だけど、意味は同じ「むくいる」ということなんですね。それはやはり労働に対して、それ相応の報いが与えられるということが報酬の基本的な言葉の約束ですからひっくり返して酬報と言っても、酬も報も同じ「むくいる」という意味です。

すると親鸞聖人にとっての浄土観とは、いろいろな要素はあとから出てきますけれども、基本的に申しますと、阿弥陀の本願の報酬した世界なのです。言うならば、「阿弥陀の本願の報われた世界である」ということです。この時に、阿弥陀の実体化ということは皆様方の中ですでに取り払われていると思いますから、あえて絶対無限というような言葉に変えないで申します。それは「阿弥陀の本願の働きがそこに報いられている境涯」です。

この時の「世界」という言葉も、浄土の「土」も、決して地球というような意味じゃございません。例えば世界観と言った時に、地球観だと考える人はいませんよね。「あなたの世界観って何ですか?」と聞かれて「ブラジルがどこにあって……」と答える人はひとりもいないと思いますよ。世界観とは世界ということ全体を私という人間の人生の中で、どのように受け止めて人間として生きていくかということです。だから、世界観ということと人生観ということは非常に近いところにある事柄なんですね。物質的な世界を物理的にあるいは科学的に分析するのは、世界観とは言わないわけですね。

だとすると、世界という言葉を使います時、その世界を、土だと考えられる方はおひとりもいないと思うのです。そのほうが浄土を考える時には適切なんです。ですから浄土の「土《ど》」は、「土《つち》」だとお考えになると間違うんですね。土《つち》ではなくて、「世界観」と言う時の世界という感覚で受け止められるほうが正しいんです。親鸞もこの意味で「土」を使っています。ですから、土と言いますけれども、土というのは境涯ということであり、境涯というのは、もう少し親鸞に近づけて申しますと、「念仏によって感得された世界」、また「念仏によって感得された境涯」であるとも言われています。ともかく、そういう浄土を親鸞は押さえて、「阿弥陀の本願の報われた世界である」と、こう言うんです。

この「報われる」ということを、非常に身近な例をひとつ出してお話をしてみようと思います。例えば、子供が大変な熱を出して苦しんでいる、二日、三日と高熱でうなされている子供の側で、お母さんが徹夜の看病をしているということがあるとします。そして、幸いに熱が下がった時、お母さんの口をついて出る言葉はいろいろでありましょうけれども、ひとつの筋書きは、「ああ、これでやっと私の願いが報われました」という言葉になるんじゃないでしょうか。「治ってくれ、治ってくれ」と願いながら、子供がうわごとを言っているその側で、子供の額を冷やして寝ずに看護した三日間。その三日間の報酬をよこせとは言わないですよね。そうじゃなくて、子供が治ってくれれば、もうそれで三日間の自分の苦労は苦労でなくなるわけですね。なぜ苦労したのかと言ったら、治ってくれるということのために苦労したわけです。

ですから報酬をもらうということではないのであって、「阿弥陀の本願の報われた世界」とは、極めて人間的な表現をとって申しますと、やっと阿弥陀の本願がここに報われましたと言える世界であり、それが親鸞にとっての浄土なんです。

そうしますと、真実の人間の究極のよりどころ、それが真宗であり、その真宗は何であるかを親鸞の言葉に返して申しますと、それが浄土なんです。しかし、その浄土は本願に報いた世界でありますから、本願によって救われていく人間にとって本願に報いられた世界こそ、じつは人間の現実を生きていくただ中にあって、人間を支える畢竟のよりどころになるわけなんです。こういう意味がじつは浄土ということの意味なんですね。

第二回講座で、親鸞聖人が、勢観房《せいかんぼう》と念仏房《ねんぶつぼう》という法然上人が非常にかわいがっておいでになったであろうお弟子と論争をしたということを手がかりにして、「如来より賜りたる信心」という跋文からのお話をいたしました。あの時に、できればこのお話をしようと思ったんです。

法然上人が、「如来より賜りたる信心」ということで、「この法然の信心も、親鸞——当時は善信房《ぜんしんぼう》——の信心も同じである、質が同じである」とこう言って、そのあとに付け加えて、

勢観坊と念仏坊との論争→ p.61～本文参照

「もし信心が違うとおっしゃる人があるならば、それはこの源空――法然上人ですね――がまいる同じ浄土へまいるということはできないでしょう」ということを言っておられる。それは何を言っておられるのかといえば、同一の信心、同質の信心によって明らかに開けてくる人間の究極のよりどころというものは同質のものである、ということを言っているんですね。

浄土へまいるとか、そういう言葉は今回はお話の中に特に取り入れませんでしたけれども、そこで言っているのは、人間はどんな生き方をしていましょうとも、千差万別の生き方をして千差万別の悩みに悩んでいる人間が、平等に自立する存在として、しかも平等に侵されることなく侵すことなく生きていける存在となってほしいというのが、阿弥陀の本願の心根であるというわけですね。そういたしますと、その本願に報いられた世界は、当然、人間が平等に、しかも自立した存在として、しかも連帯を生きていけるような境涯でなくちゃならないわけです。

青色は青く光る・独立者

ここに「仏説阿弥陀経」という短い経典がございます。だいたい大雑把《おおざっぱ》に申しまして、初めから終わりまで、阿弥陀とはどういう仏であるかということと、そして阿弥陀の浄土とはどんなところであるか、どんな境涯であるのかということを主題的に語っています。そして、お釈

仏説阿弥陀経（ぶっせつあみだきょう）
――全一巻からなり「小経」と略される。念仏による阿弥陀仏の浄土への往生を説き、阿弥陀とその西方極楽浄土の数々の荘厳の姿を説いたもの。浄土三部経（大経・観経・小経）の一つ。

迦様が語るだけではなくして、無数の世界に、そのお釈迦様の教えの正しさを証明する諸仏方がおいでになり、異口同音に証しをしているのだということまで念を押すのです。そういう内容をもった経典が「阿弥陀経」ですが、その中で浄土ということを非常にわかりやすい言葉で語っているんです。

　青色青光《しょうしきしょうこう》、黄色黄光《おうしきおうこう》、赤色赤光《しゃくしきしゃっこう》、白色白光《びゃくしきびゃっこう》（青き色には青き光、黄なる色には黄なる光、赤き色には赤き光、白き色には白き光あり。）　（仏説阿弥陀経）

これはいい言葉ですね。青い色は青く光る。黄色い色は黄色く光る、輝く。赤い色は赤く輝き、白い色は白く輝く。こういう世界が浄土だと言うんです。ああ、いい世界だなと思います。

けれどもそれだけじゃなくて、「青色青光、黄色黄光、赤色赤光、白色白光」という世界から逆に照らし返されて自分を見ますと、どうなりますかな。私は私で輝いていますでしょうか。そうならないいんじゃないんですか。むしろ「私はあの人のようになれたらいいのに」と言って、私が青い色であるといたしますと、白色を羨《うらや》ましがってばかりいるんじゃないですかね。青色青光じゃなくて、青色黄光でありたい、青色白光でありたいというのが、だいたい無理な注文なんですけれども、無理を承知で羨んでそして苦しんでいるのが、我々の生き方の相場じゃないんでしょうか。

「隣の花は赤い」と申しますから、自分のところに同じ花が咲いていましても隣の花のほうがきれいに見えますし。……例によって私の話になって申し訳ありませんけれども、孫が二人いて、しょっちゅう家に来ているんです。下のほうの孫がまだ小さい頃、いわゆる本当に物心のつかない頃はそうでもなかったんですが、下の孫も来年幼稚園へ入るという年になってきましたら、何かあげますと、おにいちゃんのと必ず見比べるんですね。それでおにいちゃんのものを指して「これ」って言うんですよ。「それならおにいちゃん、替えてあげなさい」と言って替えてもらいますと、するとやはり元のほうがいいと言うんですね。手許にくると自分のほうが小さく見えるんです。それで向こうのほうがいいと言うんですよ。また替えてやって手許へ返ってくると、同じ分量であっても小さく見えて、向こうのほうが大きく見えるんですね。子供は正直だからそれを言うのであって、大人はちょっとずるくなっていますからはっきり言わないだけ、事柄はやっかいになっているんじゃないでしょうか。でも、基本的には事は一緒ですね。

そういたしますと、そういう現実を生きている私たちにとって人生を生き切るのには、何によって生き切るのかと言った時、その根拠である浄土は、「青色青光、黄色黄光、赤色赤光、白色白光」と、こう語れる世界なんですね。その世界が赤い色として咲きながら、青く輝こうとして無理な生き方をしようとする私自身を厳しく根底から批判をしてくるわけです。その批判だけが、私を本当に事実の世界へ返らせてくれるんですね。「青色青光、黄色黄光、赤色赤光、白色白光」という非常に平易な言葉でありますけれど、またこれは有無を言わせない、動かすことのできない事実を言い当てた言葉でもあるわけですね。それが浄土だと、「阿弥陀経」は言います。それは各々に一つひとつが独立して輝くということですから、自立ということでありますね。

その自立ということをそう表現すると同時に、もうひとつ、やはり「阿弥陀経」の中に、

倶会一処《くえいっしょ》（倶《とも》に一処《いっしょ》に会《え》する）　（仏説阿弥陀経）

という言葉があります。これはお墓なんかにお参りしますと、よく墓標に書いてありますね。「共に一つの処で相合《あい》う」という字です。詳しいことは申しませんけれども、「青色青光」云々という言葉と併せてみますと、一人ひとりが独立者となることによって、侵すことなく侵されることなく、独立者と独立者が平等にお互いに生き合う世界が浄土だ、ということが「倶会一処」のもっている意味でしょう。

ところが人間には、お墓へ入るまで、倶会一処の世界はないわけですよ。だからせめてお墓にでも書いておこうということじゃないでしょうか。こと切れるまで青色青光にならないわけですよ。と同時に、こと切れても倶会一処になれないわけでしょう。厄介なことにお墓に書いた時には間に合いませんのですけれどね。結局どうするのかというと、後の人がそう書くだけ

なんです。後の人がそう書いて、じゃあ本当に倶会一処になっているのかと言うと、そうではないのでありまして、お墓が大きいの小さいの、墓地が広いの狭いのと、やはり各々に安立《あんりゅう》しないわけですね。やはり隣の花が美しく見えるようなことばかりやっている。

そういたしますと、「阿弥陀経」が「青色青光」云々の言葉と「倶会一処」という言葉をもって浄土を語ってくれているということは、じつは私たちの今日の毎日の生き方の根本のところで犯した過ちを根底から批判をしていく、批判の規定になる、これが浄土なのです。そして同時に、批判される私たちの人生は、その批判の声によって本当に事実の世界へ返ってみると、その事実の世界は私の思いを超えて青色青光云々であり、倶会一処の事実を生きている。こういうことを私たちに明らかにしてくれる人生の畢竟《ひっきょう》のよりどころ、究極的なよりどころ、あるいは人間の生きていく、あるいは生き死にの中心になる要《かなめ》、これを親鸞聖人が浄土だと言って「浄土真宗」と呼んだわけですね。

若い人たちに話をいたします時には、言葉は不十分だと承知のうえで、「浄土とは何か。独立者の連帯の世界である」、こういう言い方を私も時々いたします。「少々違うんだがな」と気持ちの中では思っているんですよ。思っているけれども、「独立者の連帯の世界」だという言葉で言うほうが、若い人たちが浄土に対して何かもう触れるのもイヤだという感情を破っていくことには、大きく作用すると思いますね。かつて学園闘争というのが華々しかった時に、多くの青年学生諸君が叫んだ事柄のひとつに、独立者であることとともに連帯を生きるということがどうして人間に可能になるか、ということを問い詰めていくということがありました。そういう意味では、若い人たちには「浄土って何か。浄土とは独立者の連帯の世界である」という一言はかなり効きますよ。効きますというのはおかしいですけれど、ハナからそっぽを向いている目をこちらへ向けるには、非常に大きな役割を果たしていくと思うんです。不十分ですが、基本的には誤っているわけではありません。

そんなことを思います時に、じつに浄土真宗の救いの内容は、「ひとり」であるということと「我ら」であるということとが同時にうなずけなくては、「浄土真宗」と言われる親鸞聖人が確かめた仏教の救済の内容は明瞭にならないのですね。それと同時に、親鸞は救いの重要な要素として、「罪」ということを言いました。

先回も申しましたけれども、罪というのは、決して何かした行為が悪いから批判されるような罪ではないのですね。かと言って、実体的な偶像とでも申しましょうか、そういう絶対的な力に背くという形で語られる罪でもないんです。

あえて言うならば、自分自身に背く罪ですよ。もっと普遍的な表現で言うならば、人間であることに背く罪、人間の事実に背く罪です。だから、人間であることを明らかにするということの内容のひとつは、「ひとりであるということが明瞭になる」ということ。もうひとつは「我らの世界がうなずけてくる」ということ。そしてそのことをもうひとつはっきり成り立たしめるものが、「そういう事実を生きながら、その事実に反逆しているという自己の罪に気付く」ということなんです。したがって罪の内容は、その反逆している自分自身がどうしても、ひとりであり、我らである世界へ返っていく責任があり、そして、その世界を明らかにしていく義務がある。生きることの中に義務があり責任があるということまで進んで罪と言うわけですね。

そんなことを申し上げたくて、先回には、「ひとり・我ら・そして罪」というテーマでお話し申したわけです。そのことがそのまま浄土を明らかにし、親鸞聖人の「浄土真宗」という言葉で確かめられております救済の内容を明らかにしています。といたしますと、その救済の内容は目覚めであり、自覚であります。すると親鸞の救いは一言で申しますと、明瞭に目覚めを内容とした救いなんです。目覚めという内容をもった救いなんです。だから、救済教・自覚教という二つではなくて、自覚を内容とした救いなんです。ここまで申し上げますと、前回申しましたことをだいたい整理していただけるんじゃないかと思います。

罰の宗教から罪の宗教へ

これは非常に大事なことだと思いますけれども、宗教と呼ばれている事柄は親鸞のところへ来て、世界的な意味で非常に大きく宗教の本質を明瞭にしたと言えますね。それは「罰の宗教」から「罪の宗教」へという転換です。

宗教という言葉で語られることの内容は、だいたい罰の宗教が多いんじゃないですか。日常に交わされる会話の中でも、「バチが当たる」と言いますでしょう。どこで何をしたかわからないけれど悪いことをした、その報いとしてバチが当たると言うんですよ。そのバチが怖いから、当たらないようにしてくれるのが宗教だと、非常に荒っぽい言い方でありますけれども、そうなっているといたします。

すると、それは「罰」を中心とした宗教形態と言わなくてはなりません。それがもしどんどん広がっていきますと、「罰せられることを免除してあげますよ」というのが宗教だということになっていきます。さあこうなりますと、かなり高度な宗教も、そういう要素で人間に関わっていないとは言い切れないんじゃないでしょうか。宗教は案外、人間を救うような装いをもちながら、かえっていつでも人間を不安の中に追い込んでいきかねないものなんです。「バチが当たる」と言われれば、誰でも何か気持ち悪いですよ。いくら合理的な生き方をなさっておいでの人でも、それを耳もとでこっそりと囁《ささや》くようなことを毎日やられてごらんなさい。たいてい気味が悪くなりますよ。何も理由はないんですけどね。無根拠だけれども「バチが当たる」という言葉がもっている魔力があるわけですね。その魔力が魔力という装いをはずして宗教というものになれば、市民権をもった発言として作用しだして怖いんですね。具体的な例は出しませんけれども、皆様方の周辺にあります宗教という名の諸々の事柄を、その視点でご点検いただくとすぐわかると思います。それは世界宗教と言われるものから、極めて原始的なシャーマニズムの要素の非常に強い宗教に至るまで、そういうところでは意外にも過ちを犯していると思いますね。

親鸞聖人は、七百年前に、あの「田舎の人々」と呼ばれた底辺を生きる人々と共に生きる中で、宗教が人間に関わることの一番大きな過ちを知ったんですね。もっとも底辺で藁《わら》をもつかむ思いで生きている人に、「バチが当たるよ」という一言は、瀕死の人間に鞭《むち》を当てることと同じなんです。しかも、そういうことが宗教の装いで語られるということが、どれほど救いから遠いことなのかを知っていたのが親鸞で、しかも、そういう事実を現実の中で知り尽くしたんです。

そして、罰の要素をもつ宗教は転換しなくちゃだめだ、ではどう転換するのかと考えた。文字どおりそれは仏教の本流であります目覚めのところへ転換しなくちゃならない。目覚めへ転換し、罰の要素を取り払い、罰と同義語として使われないように、「罪」という言葉へと再生した。そして人々に生きる責任と勇気を知らしめたわけです。

先回、榎本栄一さんの「罪悪深重」という詩をご紹介かたがたお話をいたしましたように、あくまでも生きているということ自体が反逆しているという自覚的懺悔《さんげ》の言葉として「罪悪深重」という言葉があったわけですね。だといたしますと、それは決して罰の宗教ではありません。はっきりと罪なんです。その罪だけが、人間が生きるという事実の中で当たり前として犯している、事実に対する背反《はいはん》なんですね。背反の過ちを私たちに知らせてくれると同時に、それを知ることによって、私たちがその背反に責任をもつ存在になるという人間の積極的な能動性を確立していく、そこに救いの内容が明らかになるのです。大きく転換することによって、宗教が人間に救いの働きを十分に果たすということを、七百年前に親鸞は言い切ったわけです。

言い切ったにも拘らず、今日に至るまで、いや人間が滅びるまで、いわゆる罰を罪とすり替えた意識の中で宗教というものに関わっていくのじゃないかと思いますと、親鸞聖人が「罰」の要素のある宗教から「罪」の要素へ、宗教の基本を転換したというこの問題は、いつの時代になりましても、人間が人間として真に自立者の連帯を本当に生きようと願うならば、そこに宗教の役割の起点を見出していかなくちゃならないんじゃないかと思います。そういう意味で

榎本栄一（えのもと・えいいち）→p.131参照
榎本栄一「罪悪深重」→p.193本文参照

は、「罰の宗教」から「罪の宗教」へということは、表現を変えますと「依存と慰めの宗教」から「自立と解放の宗教」へという転換だ、とこう申しても、やはり間違いのないことだと思うわけであります。

先回のお話では、最後のところを少々走りましたので、もう一度突き詰めてみたわけですが、最後の講座では、歎異抄全体の骨格についてのポイントだけでもお話しできたらと思います。

構造の特質・作者の作為

今日は最終回でありますから、今までお話をしてまいりましたその「心」が、歎異抄というこの薄っぺらい書物の中にどんなふうな形で組み込まれているのかということをお話ししたいと思います。内容の逐一についてはとても力及びませんけれども、あえて申しますならば構造とでも申しましょうか、あるいは組み立てとでも言いましょうか、そんなことをできるところまでお話させていただきます。

だいたい歎異抄という書物は、国文学の領域でも非常に優れた文章力をもった人の書いた書物だと、そういう評価も受けているわけです。その当時の文章表現としては特異な表現だという意味もありますけれども、ひとつの特徴は、この歎異抄をお読みになった現代の方々にほとんど違和感を感じさせないということがあるわけですね。言葉一つひとつを拾いあげますとどれも難しい言葉でありまして、よほど関心のある方でないとちょっとわかりにくい、言うなれば専門用語がずらーっと並んでいるわけです。それでも違和感を感じさせないんですね。そういう意味で、すごい文章力だとよく評価されます。

そして、もうひとつ特徴があると思うんです。これは案外、歎異抄をお読みになる方も、あるいは歎異抄を解説なさる先生方もわりあい注意なさらないんじゃないかと思う一点でございます。それはですね、歎異抄は一見さり気なく、ことさらに組み立てようとすることなく、本当に「故《こ》親鸞《しんらん》聖人《しょうにん》御《おん》物語《ものがたり》の趣《おもむき》、耳《みみ》の底《そこ》に留《とど》まる所《ところ》、聊《いささ》か之《これ》を注《しる》す」（序文）ということをおっしゃいますから、思い出し思い出し、あるいは忘れようとしても忘れることのできない言葉を書き綴った、という印象で読まれるわけですね。これがすごいところだと思うんですが、歎異抄をよく読んでみますと、思い出される言葉だけを思いつきで徒然《つれづれ》なるままに綴ったものじゃないとわかります。これははっきりとした意図をもった書物なんです。この点が、案外注目をされない点なんですね。

ですから、歎異抄に親しんでおいでになる現代の方々は非常に多いんですけれども、多くの方はただ何気なくひとつの言葉に触れて、その言葉からある何ごとかを感じ取っておられます。

たしかにそれはそれで素晴らしいことでもあるし、ある意味では歎異抄の作者の願いの成就であると言ってもいいと思うんです。しかしだからと言って、歎異抄そのものが何気なく書かれたものだと了解することは、案外大きな過ちを犯すんじゃないかなという気がいたしますね。

歎異抄はむしろ、はっきり主題として主張することがありまして、その主張をどのくらい可能にするのかということを十分に考え、どう表現するのがもっとも効率的で、今日的な表現かということまできちっと考え抜かれた書物だということを知っておいていただくことが大事じゃないかと私は思っているのです。これに多くの方が気付かないということと、気付かせないように書いているところがあるのは確かですけれども、気付かないというところに歎異抄の文章のすごいところに、深い願いの表現としての意図、あるいは文章構成、あるいは歎異抄という一冊の書物の全体的な構成についての細心の注意は払われているということですね。

しかし、もちろんそれは歎異抄の作者が作為的にしたというよりも、むしろ歎異抄の作者の願いが純粋で積極的であればあるほど、どうしてもこのことは知ってもらわなくてはならないと思ってのことでしょう。信仰や宗教だと言っても、人間の中では人間的だからこそ間違われていくものである、ということを歎異抄の作者自身は深く悲しみながら書いているわけです。その悲しみの願いとでも申しますか、あるいは歎きの訴えとでも申しますか、そういう訴えが本当に聞かれる形を、あるいは願いが成就するような方法を自ら見出してきて、こういう文章ができたんだということが、私が大事だと思う理由です。

こう申しますと「なるほどな」とおわかりいただけるのじゃないかと思いますけれども、歎異抄は名前をはっきり「歎異抄」と付けていることが、もうすでにそれを語っているわけですね。以前にもお話ししましたように、いわゆる人間の中でできることは、妥協するか、そうでなければ冷たく排斥するかのどちらかしかないのです。いわゆる「異なりを悲歎する」、「悲しみ歎く」ということは、人間には容易にできないんですね。悲しみ歎きますと妥協してしまうんです。そして、異なりを批判しようとすると冷たくなり、悲しみ歎く思いをどこかで失ってしまうわけですよ。冷酷に第三者として批判するか、裁判官になるか、あるいは悪しき意味での弁護人になるか、どれかの態度しかとれないのが人間なんですね。

それでも「なづけて『歎異抄』というべし。外見《げけん》あるべからず」と、歎異抄は跋文ではっきり自分で言っているんです。歎異という事柄、つまり人間の日常の意識の中で起こることがもっとも困難なことを、どうしてもやり遂げなくてはならないという主題をもって書く書物であります、という思いを題にしたわけですね。書物の題自体がひとつの主張、深い悲しみの中から発起された願い、あるいは歎きを込めた訴えを題名にして明確にしているというところに、先程「なるほどな」と思っていただいたようなことがわかるわけですね。

著作の意図

歎異抄は、題だけでなく本文の中の三ヵ所でそのことをはっきり言葉にしているんです。
まず、一条の最初「弥陀《みだ》の誓願不思議《せいがんふしぎ》にたすけられまいらせて」云々という言葉が始まるその前です。極めて日本文的な漢文の調子で書かれている前書きがあります。ここで、なぜ、どういうことを、歎異抄というこの書物は明らかにしようとするのかという意図を、はっきり歎異抄自身が、作者自身が明瞭にしているんです。

竊《ひそ》かに愚案《ぐあん》を回《めぐ》らして、粗古今《ほぼここん》を勘《かんが》うるに、先師《せんし》の口伝《くでん》の真信《しんしん》に異《こと》なることを歎《なげ》き、後学相続《こうがくそうぞく》の疑惑《ぎわく》有《あ》ることを思《おも》うに

（歎異抄　序文、原文は漢文）

少しとんで、それからその文章の終わりは、

故親鸞聖人御物語《こしんらんしょうにんおんものがたり》の趣《おもむき》、耳《みみ》の底《そこ》に留《とど》まる所《ところ》、聊《いささ》か之《これ》を注《しる》す　（同右）

そして、

偏《ひとえ》に同心《どうしん》行者《ぎょうじゃ》の不審《ふしん》を散《さん》ぜんが為《ため》なりと云々　（同右）

と、それは何のためかということを明示しておられるのです。ちゃんと目的から内容から性格まで、初めのところできっちり言っておられます。そこが一ヵ所。
これにつづいて、一条に始まりまして十条まで文章がずーっと続いております。ここが多く

歎異抄　序文→目次扉を参照

の方々に読まれるところです。けれども、その十条が終わりましたところでもう一度、ちょっと文体の変わった文章が出てまいります。それが、やはり歎異抄という書物のもっているひとつの大きな特徴を示してくれる言葉であるわけですね。

それは、

そもそもかの御在生《ざいしょう》のむかし　（歎異抄　十条）

という言葉から始まりまして、

上人《しょうにん》のおおせにあらざる異義どもを、近来はおおくおおせられおう(合)てそうろうよし、つたえうけたまわる。いわれなき条々の子細のこと。　（同右）

という言葉で結ばれている文章であります。この中には、「親鸞聖人がまだ生きておいでになる頃に、こういうことがありました」というふうに書いてありまして、ところが「親鸞聖人が亡くなった最近では聖人の教えに背反するような異議があちらこちらで起こっていると伝え聞いて、自分は非常に歎かわしく思う」とあります。そしてそれは、「親鸞聖人の教えとはまったく質を異にした謂《いわれ》のないものであると指摘しなくてはならない」と言っているんですね。ですから、それはこれからちゃんと指摘をしますよ、という予告をしている文章なわけですね。だからこれもやはり、歎異抄のひとつの性格を歎異抄の作者自身が示していると言っていいところです。

そして十一条から十八条までの八ヵ条に一条、一条、条を追って、いわれなき事柄についての批判がされます。非常に長い文章でありますけれども、それを受けて、さて、最後のひとつです。

右条々はみなもって信心のことなるよりおこりそうろうか。（歎異抄　跋文）

と受け止めてくるわけですね。「右に記した八ヵ条はどういうことが問題になるのかというと、それはみな信心の異なる、信心の異質化ということからこういう過ちが起こってくるのではないでしょうか」、と押さえているわけですね。そこから始まって、最後に、

なくなくふでをそめてこれをしるす。なづけて『歎異抄《たんにしょう》』というべし。外見《げけん》あるべからず。（同右）

というところまでずーっとですね、歎異抄をどうしても自分が書かなくてはならないという心情と実状とを記して、何を歎異しているのかということまで示して押さえをしておられる。

この三つの章に、じつは歎異抄という書物は決して徒然《つれづれ》なるままに書かれたものではないということを、歎異抄の作者自身が明瞭にわかるように書いているわけであります。

これらが、これから皆様方が、これまでお読みになっておいででも、あるいはもう一度改めてお読みになろうとなさいます時に、歎異抄の性格を見ていく重要な三ヵ所だというふうにお受け取りいただいていいのじゃないかと思うわけであります。

前半のみが人気

歎異抄の「歎異」とは「異なりを歎く」、いわゆる信心の異質化を歎くということですね。Aさんの信心とBさんの信心がただ量的に違うと言って批判するのではなくて、人間において、信心とか宗教心とか信仰とか言われる事柄が、他の物に質を変えていくことを歎くというのが、信心の異なることを歎くということであったわけですね。それを明らかにしているのが、言うまでもなく十八ヵ条から成っている文章であります。これはもう言うまでもないことであります。

ただ、歎異抄をお読みになる方々はだいたい――私自身もそうですけれども――一〜十条のところまでのお言葉で親鸞聖人に触れていくんじゃないんでしょうか。十一〜十八条までに書かれている八ヵ条の文章では、ちりばめられている親鸞の言葉には触れますけれども、その全体に関心を寄せる方は少ないんじゃないでしょうか。歎異抄についての個人的な了解を述べておいでになる、一種信仰告白的な書物をご覧になるとおわかりいただけるかと思いますけれども、時にははっきりと十条までで歎異抄は終わっているような書き方をしている方の文章も書物になって出ております。

これを私は間違いだとは申しません。自分は歎異抄の研究者ではないから自分に響いてくる言葉、自分をある意味で精神的に変革をしてくれた言葉、と言うならば集中的には一～十条までだから、そこについてのうなずきを信仰告白的に語るんだと、こう言われるわけですね。

私がそこで考えておきたいと思いますことは、時代を隔て社会の状況が激変し、しかも生き方が千差万別である人間なのに、歎異抄に触れて、一条から十条までの言葉が、なぜそれほど相違なくそれぞれの人の心の中へ浸透していくかということです。これはやはり大きな問題でしょう。

しかし歎異抄は十八条まであるんですから、やはり客観的に申しまして、十八条まで了解をしなくてはいけないことは確かですね。

十条までと十一条からあとは違う人が書いた二人の合作だというのだったら、私の論法は通用しません。けれども、同じ人が書いているんです。そして同じ願いで書いているんです。そしてその願いは先程申しましたように悲しみの願いでありますし、歎きの訴えでありますから、その訴えと願いとを主張していき、時には告発という形まで取って、事柄を明瞭にしていく積極性があるわけですね。同一の人物がこの短い書物を書いたわけですよ。

そして、前半の十ヵ条は、今日でも多くの人々にとって、あまり理屈なしにすっと心の奥へ入っていくものなのですね。本当に、心の琴線に触れるわけです。ところが、十一～十八条までの八ヵ条へいきますと、どうもなんだかぎくしゃくして、しまいには「このへんは我々にはあんまり関係ないのではないか」とさえ感じられるわけですね。読むほうの勝手だと言えば勝手でしょうけれども、歎異抄を書いたご本人からしてみれば、それでは困るという気持ちがあるんじゃないでしょうかね。やはり十八条まで読んでほしい、読んでもらって全体をうなずいていただかないと私の本意に適《かな》わない、という声がどこからか聞こえてきそうな気がいたします。

もちろん一～十条までが、人間の心の琴線に触れるということもこれは事実でありますから、否定はできないのです。しかし歎異抄全体について、これから私が言うことは非常に大胆な発言になるかもわかりません。ですから私もこれから確かめてまいりますし、皆様方も、「それはちょっと無理じゃないか」とお考えならば、そうお考えいただいて結構だと思います。

言葉を聞き取る資格

ひとつは以前にも申しましたように、歎異抄という書物はあくまでも聞き書きなんですね。ですから、一～十条までのところに、親鸞聖人が語ったと言われる言葉が集中的に述べられていることは間違いがないんです。しかし親鸞が語ったとしても、それは親鸞がこのとおりの表現をとったという証拠はどこにもないんですね。「弥陀《みだ》の誓願不思議《せいがんふしぎ》にたすけられまいらせて、往生をばとぐるなりと信じて念仏もうさんとおもいたつこころのおこるとき、すなわち摂取不捨《せっしゅふしゃ》の利益《りやく》にあずけしめたまうなり」（歎異抄　一条）と親鸞が言ったとは、どこにも物的証拠はありませんから。そうするとこれは、やはりそう言ったのだということよりも、この文章を了解すると、「このように聞こえた」ということのほうが正当でしょう。

それは決して私が勝手な理屈を言っているのじゃなくて、書いているご本人である歎異抄の作者自身が冒頭に、

故親鸞聖人御物語《こしんらんしょうにんおんものがたり》の趣《おもむき》、耳《みみ》の底《そこ》に留《とど》まる所《ところ》、聊《いささ》か之《これ》を注《しる》す　（歎異抄　序文）

と言っているんですから、やはり耳の底に留まるところを記したんであって、親鸞の言葉を書き写したんだとは言っていません。

これは、やはり聞き書きだとはっきりさせておく必要がありますね。しかし聞き書きだということをはっきりさせることによって、だから親鸞の言葉として正確でないと私は言おうとしているんじゃないんです。宗教という事実においては、聞き書きこそが宗教の証しなんです。教えの証しは、聞くところにしかない。だから、証しのないような教えは、その教えが真実であるかないかを教えのほうからどれほど主張しましても、それは宗教として作用しないのです。その言葉が、ある人に聞こえていって、そのある人がその言葉によって大きく精神的な変革を起こすという証しがあって初めて、その言葉が人間の救いの言葉だということが言えるわけで

しょう。

仏教経典は、いつも申しますように「是《か》くの如《ごと》く我聞く」という言葉からすべて始まっているんです。そういう意味では、経典と言われておりますものも全部これは聞き書きだと言っていいわけですね。その聞き書きとは、お釈迦様が言わなかったことを勝手に聞いて、うろ覚えで書いたということではなくて、お釈迦様の言われた言葉が、聞いた人間・仏弟子によって証しされた言葉だという意味なのです。語られた言葉が証しされて、万全の形をとった言葉が経典のもっている精神だと、こう了解するべきでしょう。でなければ、宗教の聖典というわけにいかないわけですね。とすると歎異抄の場合もやはり同じでありまして、聞き書きであるというところに積極的な意味があるのですよ。

私がなぜこんなことを主張するかと申しますと、ひとりの人が聞き書きとしてこれほど鋭く親鸞聖人の言葉を聞き取っているということは、他の人も人間である限りこのように聞き取っていくことができるということの証拠なんです。「あの人は変わり者だから聞いたんだ」という話ではないのです。だから今日、時代が変わっても人間が人間をやめない限り、ひとりの歎異抄の作者自身のごとく、このように鋭く聞き取る資質をもって生きている人がいるという証拠でもあるわけです。するとひとりの人間が、親鸞の語りかけを耳の底に留めたという事実が、すべての人間が親鸞の語りかけを耳の底に留める資質をもつということの証人になっている、とこう申していいのでしょう。

この一～十条までの中に出ている言葉は、どの章を取り上げましても、今日私たちが毎日の生活の中で宗教という事柄で了解していることとはすべて逆さまだと言ってもいいことが書いてあるわけなんです。これは大変なことです。

だいたい宗教と言いますと私たちは、何の気なしにやはりお葬式を思い出したりするでしょう。葬式仏教とまで言わなくても、「仏教……葬式」とふと頭に浮かぶでしょう。ところが歎異抄は、それは直接的には繋《つな》がりませんよとちゃんと言っておりますね。親鸞聖人は、今日の言葉にすると「親鸞は父母《ぶも》の孝養《きょうよう》のためと思って、念仏をしたことがいっぺんもない」（歎異抄　五条）と言っています。そういうことを言う宗教が他にありますでしょうか。そういう表現が、果たして私たちが宗教、宗教と言っております今日の状況の中にありますでしょうか。

葬式の話だけじゃありませんよ。日常の生活の中でもそうなっているかどうか。例えば、私たちが「信仰をする」と言いますでしょう。その時の「信仰する」には父母の孝養つまり供養、そして先祖供養の要素がゼロだと言い切れないじゃないですか。むしろ直接ではないけれども、先祖の供養や父母の供養を通して、何かそれによってこちらに功徳をほしいという、まわりくどーい利害関係がその中には作用するのではないですか。

それを親鸞は歎異抄の中ではっきり、「私は少なくとも念仏をそんなふうに利用したことは一度もありません」と、こう言い切っているのです。

最も有名な言葉で申します。

善人《ぜんにん》なおもて往生をとぐ、いわんや悪人《あくにん》をや。（歎異抄　三条）

という言葉がありますね。これもよく聞いてみますと、普通私たちの宗教感覚の中ではそうはなっていないんでしょう。悪人でも往生できるなら、善人は当然往生できるのじゃないか。悪人が救われるんだったら、善人は当然救われるんじゃないか。それをもう少し積極的に言いますと、やはり良いことをすれば救われるはずだ。だから少しでも良いことをしなくてはいけない、という発想になっていくでしょう。

ところが親鸞はそれをひっくり返してしまったのですね。善人でさえ救われるんだったら、悪人は当然救われる。親鸞はちゃんと、

しかるを、世のひとつねにいわく（同右）

と言っていますから、「にも拘らず世間一般の常識は逆を言っている。逆が常識になっているけれど、それは間違いだ」とこういうことですね。十ヵ条ともすべてそうだと言ってもいいと思います。

歎異された事実

さてこのへんからが、私が大胆に物を言うことの内容です。

歎異抄はじつは単に聞き書きというだけではなくして、歎異抄の作者自身が「親鸞の言葉によって歎異されたという実感がある」ということなんです。歎異するのは、歎異抄の作者が他の人を歎異するに先立って、歎異されたという身に覚えがあったということなんですね。自分が宗教を間違っていた、自分が信仰を誤って了解していた。それを親鸞聖人によって厳しく指摘され、そして悲しまれた、と。言うならばお師匠様にずいぶんご迷惑をかけました、という実感をもって聞き取った言葉が、特に忘れようにも忘れることのできない十の言葉として、ここに収められているわけでしょう。

だから、その言葉が今日の宗教常識とも逆転するような表現ばかりとられているわけです。もし、こんなことばかり親鸞が言い続けたとするならば、「親鸞の宗教は大丈夫か」ということにもなりかねないですよね。十の言葉が角度を変えながら宗教の真実を語る時に、これほど強く常識の宗教観を破っているということは、こういう文章を聞き書きとして書いた人自身が、常識の宗教観を破られたという実績があるからなのです。身に覚えがあるからなんです。

とすると、先の十ヵ条は、単に忘れようにも忘れられない言葉を並べたてたということではありませんし、ましていわんや十一条から始まります、信心の異なることから起こってくる過ちを指摘して批判するために、その教権主義的な証拠物件として親鸞の言葉をここへ先に置いたんだということでもないんです。

じつは歎異抄の作者自身が歎異された。だから、歎異抄というのは先の十ヵ条も「歎異」なんです。そういう意味では、歎異抄の作者自身が歎異されたというそういう実感を込めた言葉なんですね。だからその言葉が、今日の宗教常識に対して鋭く突き刺さってくるんでしょう。やはり、切られた痛みを知らない人が過ちをただしていきますと、これは必ず冷酷な批判になるのです。切られた痛みを身に滲みて実感している人の言葉だけが、切られる人の過ちの痛みの質を知っているわけですからね。だから歎異抄には涙があるんですね。

そういう意味では、私が大胆に申しますのは、先の十ヵ条は歎異抄の作者自身の歎異された事実の告白的な内容をもった、親鸞に言われて耳の底に留まった言葉の収録だと、こういうふうに押さえておきたいわけであります。

したがって、この十ヵ条をそういう視点から丁寧に見ていきますと、ちゃんと順序がありますし、どうしてもこれはひっくり返して読むわけにはいかないように組み立てられているのです。組み立てというのもやはり、ひとりの人間の中に起こってくる宗教の過ちについて指摘された本人が自分を確かめていった時に、こういう順序で押さえることが事柄を明瞭にするというなずきに裏打ちされていると申していいと思いますね。

さあ、あとの十一～十八条までの八ヵ条についてです。読んでもあんまり積極的な意味がないんじゃないかとさえ思われているところです。積極的な意味があるとすれば、その中にちりばめられている親鸞の言葉は積極的な意味がある。しかし、その中で主題にしている事柄は、特定な宗教集団の問題か、そうでなければ七百年前の時代状況の中の問題であって、今日それほど意味がないと受け止められる傾向にあるように思いますね。

ところが、先の十ヵ条を、もし私が申しましたような位置付けとして見るならば、歎異された人が歎異された痛みをもって、他の人々のうえに起こってくる信仰の異質性を歎異するわけですから、あとの八ヵ条もやはり対象が外にあるわけですね。ですから、言葉の表現もかなり違ってくるわけです。したがって、感覚も違ってくるわけです。歎異された自分の身にビンビンこたえた言葉を語る時と、切られた自分の痛みを通して相手の過ちをただしていく時の言葉とは、やはりこれは感情が違ってきますよね。

しかし、違ってくるからと言って、関係ないというわけにはいかないのです。歎異抄の作者は自分が歎異されたという痛みを通して、多くの人々の誤っていく信仰の異質をたださなくてはならないという責任を感じて語りかけるのです。だから、十一～十八条までも大切に読まなくてはいけないわけであります。

言い驚かすだけ

ところでその十一〜十八条までも、要《かなめ》となる部分だけを取り出して読んでまいりますと、事柄が非常によくわかるようにできているのです。それほど歎異抄の文章力、そしてその文章力を支える精神の能動性が、そこで了解されてくるようになっているんです。

十一条の冒頭に、

一文不通《いちもんふつう》のともがらの念仏もうすにおうて(会)、「なんじは誓願不思議《せいがんふしぎ》を信じて念仏もうすか、また名号不思議を信ずるか」と、いいおどろかして、ふたつの不思議の子細をも分明《ふんみょう》にいいひらかずして、ひとのこころをまどわすこと、この条、かえすがえすもこころをとどめて、おもいわくべきことなり。　(歎異抄　十一条)

と、こう言っていますね。古い言葉ですから少しわかりにくいようですけれども、ここだけとりますと、かなり問題はわかってくるんじゃないでしょうか。

文字の心も、一字一字の意味もわからないけれども、純粋な気持ちで念仏をしている人たちがいる。そういう人たちに向かって、知恵者ぶった指導者ぶった人がこういうことを言うというんですね。「お前は念仏を称えているけれども、それは本願の不思議によって救われると思って念仏を申しているのか。それとも念仏をたくさん称えると念仏の不思議で救われると思って念仏を申しているのか、どちらなんだ」と言い驚かすわけです。びっくりしますよね、純粋に念仏を称えているのにそんな理屈を言われると。でも、その人はびっくりしたままでは済みませんから、それはいったいどういうことでしょうかと聞いてくるのが当然ですね。

ところが、言い驚かしてどうするのかと言うと、ふたつの不思議の子細をも分明に言い開かないんですよ。言い驚かすことだけはしますけれども、驚かしっぱなしであって、それはこういうことですよ、というふうに順々と理を語って納得させることをしないと言うんですよ。放っておくほうはいいですけれど、放っておかれるほうは迷います。人の心を惑わすんですよ。「こういうことはもっての外《ほか》のことであって、かえすがえすもこんなことにならないようにしなくちゃいけません」というのが十一条の一番最初に書いてあることなんです。じつは、これが十一〜十八条までずっと底辺に流れているんです。

これは大変ですね。信心が異質化いたしますとどんなことが作用するかと申しますと、人を言い驚かして、言い開かないで、迷わすということが始まるんですよ。宗教という名で人を驚かして、そしてわけがわからないようにさせて、そして「困ったな、困ったな」という人間を作っていくというんですよ。

「あなたのご家庭、不幸が多いようですけれども」と言われたら、それはもう既に言い驚かしているんじゃないですか。ドキッとさせるじゃないですか。「どうしてでしょうか」って言うと、そこらへんは、子細を分明には言い開かないですよ。「それはねぇ……」というような何か含みがある言葉で終わってしまうんですよ。すると、そう言われた人は、そのあとずっと迷い続けなくてはいけない。ここまで私が言葉を凝集して申しますと、案外わかりやすいんじゃないですか。「なるほどな」、「そう言われてみると宗教というものは案外そうなっているな」と、ふと見当がつくのじゃありませんか。

そういうものが宗教という名で作用すると、宗教は人間を救うのか、それとも人間を不安の中へ置いておくのか、どちらかわからないということになります。これは単に組織、教団という問題だけでなくて、信仰・信心が異質化いたしますと、こういうふうに作用するものなんです。これは時代を隔てて、いつでもこうなんですよ。だから、この十一条以降も油断がならないんです。むしろ丁寧に読んでいかなくちゃいけないいんですね。

信心の異質化を顧みる

一挙に飛んで十八条を見てみましょう。じつはそこに、十一〜十八条までの八ヵ条の一番結びがあるのです。その冒頭の言葉であります。

仏法のかたに、施入物《せにゅうもつ》の多少にしたがいて、大小仏になるべしということ。この条、不可説なり、不可説なり。比興《ひきょう》のことなり。（歎異抄　十八条）

「先祖の供養のためにお坊さんにお経読んでいただきます」という時にお布施というのを包みますでしょ。あの中にお金が入っていますね。どうも生臭い話になって申し訳ありませんが、それをここで言っているんですよ。その時に、仏法を語りながら何をやるかと言うと、「施入物」つまりお布施として包んでくれる金の多少によって、たくさんお金を包んでくれると「あなたは立派な仏さんになりますよ」、少ないと「あんまり立派な仏さんになりませんよ」というようなことを言うのはとんでもない、とこう言っているのです。このようにここだけ抜き出して話しますと案外よくわかるんじゃありませんか。

もうひとつ、十八条の一番おしまいのところに見事な言葉があります。全体を結びまして、

すべて仏法にことをよせて、世間の欲心もあるゆえに、同朋《どうぼう》をいいおどさるるにや。（歎異抄　十八条）

と。これは心憎いほど見事な文章です。これまでいろいろと一つひとつ信心の異質化からこういう現象が起こるということを言ってきたけれども、結局それは何であるかと言ったら、すべて仏法にことよせして――何かにことよせして物を言うというあのことよせです――世俗的な

欲心を満足させようということが本音であって、その本音を内に隠して同朋を言い脅《おど》しているのではないでしょうかね、という言い方です。「言い脅さるるのだ」と断言しないんですよ。「言い脅さるるにや」、と言っているんです。これは「そうじゃないでしょうか」という一言の中に、歎異の心がこもっているんですよ。

人ごとではございません。私もその仲間のひとりとして深く顧《かえり》みて、このことを明らかにしなくちゃなりませんという感情を込めて、「言い脅さるるにや」と言っているんです。その内容も具体的ですよね。「世間の欲心もあるゆえに、同朋を言い脅しているんじゃないでしょうか」、と言っているんです。言われている事実が、じつは「言い驚かして言い開かず、人の心を迷わす」という十一条の一番最初の言葉と呼応しているんです。

信心が異質化いたしますと、それが社会に働いていく時どういうことになるかと言ったら、人間を救うどころか、人間を驚かして、そしてわけもわからない状態に置いて、そしていつまでも惑い続けていくような状況を作っていく。しかも、なぜそういうことになるかと言うと、結局は信心とか宗教とか教えとか言っているけれども、それにことよせして、本音は世間の欲心なんだと。世俗的な欲望の満足なんだと。だからして、同朋、つまりすべての人々、仲間、友だちに対して、脅かすばっかりで、何も救いの正しい在り方を示すということができないんじゃないでしょうか。その意味ではお互いに深く深く顧みて、正しい信心、したがって偽物の信心、そのことを明瞭にしていかなくてはならないんじゃありませんか、という言葉で十八条の最後が結ばれているのです。

十一条の一番最初に書かれている言葉と、十八条の一番最後に書かれている言葉は呼応していて、あとの八ヵ条が「歎異」という意味をどのような具体性をもって語っているのかということを見わたすことができると申していいんじゃないかと思います。

こんなふうに見てまいりますと、歎異抄というのは短い書物ではありますが、『歎異抄』と自ら名乗ったその悲しみの願い、そして歎きの訴えを、告白性をも含めあるいは積極的な批判の心をも含めながら、正しい信心の世界を明らかにしていくものなのです。したがって、正しい宗教の世界にお互いに返っていきましょうと、こういう呼びかけが歎異抄全体を貫いています。そしてそれが構造にまで具体化しているというところに、歎異抄の積極的な語りかけがあると了解をさせていただくことができます。

悲歎述懐の言葉

さて、予定されている時間も残り少なくなってきましたが、その十八条の終わったところから端を改めて、これまでとはずいぶんと文章感覚の違う、深い感情を内に秘めた長い一文が綴《つづ》られております。この一文は、『歎異抄』についての解釈書・参考書類を見ますと、表現の異なりはありますが、多くは「跋文」という理解のもとに押さえているようです。そして、そうした理解は、全体の構成から見て正当と言うべきでしょう。この一文は、

右条々はみなもって信心のことなるよりおこりそうろうか。（歎異抄　跋文）

と書き出されています。その「右条々」が、直前の十八条で閉じられる八ヵ条の異義を指摘している、

上人《しょうにん》のおおせにあらざる異義どもを、近来はおおくおおせられおう《（合）》てそうろうよし、つたえうけたまわる。いわれなき条々の子細のこと。（歎異抄　十条）

を受けていることは一目瞭然でありましょう。しかし、この長文が歎異抄全体の結文であると了解するといたしますと、ただ文章構成のうえからだけで、それを語ることはあまりにも浅い理解だと言わなくてはなりません。

なぜなら、この長文の結語の中には、全文を貫いて歎異の心情が縷々《るる》綴られているからであります。金子大栄先生はこの文を「岩波クラシックス9」版の『歎異抄』で「結――述懐」と示しておられますし、また他の歎異抄の講義では、歎異抄の全体を「師訓《しくん》篇（一条～十条）・歎異《たんに》篇（十一条～十八条）・述懐《じゅっかい》篇（結文）」と、三編からできているというようにも述べてお

金子大栄（かねこ・だいえい）→p.14参照

られます。そのことについて今は何も申そうとは思いませんが、ただ最後の長文を「述懐」と押さえておられることに、強く心を惹《ひ》かれます。この悲歎述懐の心情の深さが歎異抄を書かせた根源でしょう。

振り返ってみますと、全体の序文の中に「先師《せんし》の口伝《くでん》の真信《しんしん》に異《こと》なることを歎《なげ》き」という言葉があり、また「故《こ》親鸞《しんらん》聖人《しょうにん》御物語《おんものがたり》の趣《おもむき》、耳《みみ》の底《そこ》に留《とど》まる所《ところ》、聊《いささ》か之《これ》を注《しる》す。偏《ひとえ》に同心《どうしん》行者《ぎょうじゃ》の不審《ふしん》を散《さん》ぜんが為《ため》なり」（原文漢文）と明記されていますし、また十一条の直前の文では「上人《しょうにん》のおおせにあらざる異義どもを、近来はおおくおおせられおうてそうろうよし」と語られておりました。

このように散見できる諸文から推し量ってみると、切々とした悲歎述懐の心情を内容としている事柄のもつ具体性がはっきり窺《うかが》われます。それは端的な表現をもって語られる、「先師の口伝の真信（真実の信心）に異なること」への悲歎ひとつによる述懐に他《ほか》なりません。ただ信心が違うということへの批判でもなければ、先師の口伝、つまり先生のお言葉と異なるという排斥でもありません。文字どおり、先師の口伝の真実の信心に異なることへの悲しみにつきるのであります。

そのことは、この述懐の心情を直接内容としている「結文」の中に、はっきりと見届けるこ

とができると思います。そのことを明らかに示している文章を、私は三つの表現に見ることができると思います。それは、

右条々はみなもって信心のことなるよりおこりそうろうか。（歎異抄　跋文）

と指摘し、そのことをまず第一に、親鸞が師法然のもとに在った時の出来事、つまり勢観房、念仏房たちとの信心一異の論争について師法然が「如来より賜りたる信心」を教示するという、これまでにも幾度か触れました出来事が生き生きと示されているのです。同一の信心とは、このような具体性のもとに明らかにされる「如来より賜りたる信心」以外にはない、という明白な現実となることとであります。

そして、その「如来より賜りたる信心」とは、親鸞をして、

「弥陀《みだ》の五劫思惟《ごこうしゆい》の願《がん》をよくよく案ずれば、ひとえに親鸞一人《しんらんいちにん》がためなりけり。されば、そくばくの業《ごう》をもちける身にてありけるを、たすけんとおぼしめしたちける本願のかたじけなさよ」（歎異抄　跋文）

と言う全存在をあげての述懐であり、その述懐は親鸞がその謝念の中に生涯を尽くした活語であり、まさしく「聖人のつねのおおせ」「ご持言」であるとして明らかにしているのです。この「つねのおおせ」こそ「如来より賜りたる信心」の決定的な表現でしょう。そして、そのことは、

「善悪のふたつ総じてもって存知《ぞんじ》せざるなり。そのゆえは、如来《にょらい》の御《おん》こころによしとおぼしめすほどにしりとおしたらばこそ、よきをしりたるにてもあらめ、如来《にょらい》のあしとおぼしめすほどにしりとおしたらばこそ、あしさをしりたるにてもあらめど、煩悩具足《ぼんのうぐそく》の凡夫《ぼんぶ》、火宅無常《かたくむじょう》の世界は、よろずのこと、みなもって、そらごとたわごと、まことあることなきに、ただ念仏のみぞまことにておわします」

（歎異抄　跋文）

という徹底した言葉のもとに、倫理の繋縛《けいばく》から解放され、同時に倫理の根拠にうなずいて生きる、真に自由にして、真に自己責任的な人間生活を約束するいのちの営みを明らかにするものとして、「如来より賜りたる信心」を開示しているのである、と私はうなずいているのであります。

そのことは同時に、その悲歎述懐の心情のもとに、師を同じくする同朋・法友に対して、ともどもに師の教えの下《もと》へ帰ろうではないかという、切々とした呼びかけが込められていることを思わずにはいられません。「歎異」は友情の深みからしか生まれることのない、人間における至情の表現でしょう。それであればこそ、

一室の行者のなかに、信心ことなることなからんために、なくなくふでをそめてこれをしるす。なづけて『歎異抄《たんにしょう》』というべし。外見《げけん》あるべからず。

（歎異抄　跋文）

と結び止めたのであろうと思います。

そのあたりから、もう一度歎異抄を読み直してみますと、歎異抄という書物はどこにも無駄のない書物であり、全体が非常に今日の焦眉《しょうび》の問題と言ってもいい精神の世界を、正しく方向づけていく指南の書だと申していいのではないかと思います。

あとがき——無畏の真人、親鸞の沈黙

親鸞は、一二六二（弘長二）年、九十年の生涯を静かに閉じた。しかし、その九十年がどれほど苛酷なものであったかは、誰しも充分に推察することができるであろう。しかし、親鸞は、そうした自分自身の生涯については、まったく語ろうとはしなかった。まるで何事もなかったかのように。いったい、この沈黙は何なのであろうか。わたしはこの沈黙にこそ、親鸞の信心、そして思想の質を見究める鍵が秘められている、と考えている。したがって親鸞は徒《いたずら》に自己の生き様を語らなかったのではない。むしろ親鸞にとっては、その沈黙こそが、もっとも能動的な自己表現の姿だったのである。

それゆえに親鸞は他人と語り合うことを厭《いと》う、寡黙な人ではなく、それと同時に、無駄な饒舌を好む人でもなかった。ただ活語としての教言、そのこと一つに耳を傾け、聞き尽くし、確かめ、頷《うなず》き切り、その活語としての教言のもとに、自己自身の存在の意義を決定した人であった、と言ってよいのであろう。

かつて金子大栄先生から、きわめて感銘深いお話をお聞きしたことがある。それは、「親鸞の生涯はどのようなものであったか、と問い尋ねている人が多い。それもまた大切なことであろう。しかし、わたしにとっての親鸞は、いまさら尋ねる必要はまったくない。『親鸞におきては、ただ念仏して、弥陀にたすけられまいらすべしと、よきひとのおおせをかぶりて、信ずるほかに別の子細なきなり』と歎異抄が伝えていてくださる、その親鸞のほかには、如何《いか》なる親鸞像をも尋ねる必要はない」と。この金子大栄先生の一言が、親鸞における「沈黙」の真意を明らかにしてくださった。「よきひとのおおせをかぶりて、信ずるほかに別の子細なき」人生、それが親鸞の生涯である。いや、親鸞その人のすべてなのである。

わたしは、今、激しく荒れ狂う暴風驟雨《しゅうう》を避けようともせず、その荒野の真ただ中に毅然として確かな歩みを進めていく、ひとりの人の姿を心に思い浮かべている。これが無畏《むい》の真人、親鸞であろう。

ところで今回、改めて『歎異抄』を窺う機会が与えられた。考えてみると、これまで幾度、『歎異抄』についてペンを執り、また語ったことか。それらは、その時々の心情のもとに表現したものであるから、それについては今更なにも語ろうとは思わないが、ただいつの場合にも決定的な見落としがある、といった不安を払い去ることができなかった。しかし、今回は、その疑念が少しずつ晴れていくことに気付いた。わたしは、「信心の異なり」ということに、したがって「異なることを歎く」ということのうちに満ちている心情の深みを見ていなかったようである。「歎異とは排異とも妥協とも異なる感情である」と、わたしは度々語ってきたが、その都度、なぜ肯定用法のもとで語り切れないのか、と自問し続けてきた。

しかし、人間に排異とも妥協とも質を異にする心情など起こることは決してない。即ち「歎異」は決して人間における心情ではない。とすれば「歎異」は如何《いか》にして人間のうえに生起するのか。わたしは「教言を活語として聞く」と語ったが、「歎異」とはまさにそこにおいてのみ生起する心情である。真実の教言を聞く存在であるところにのみ生起する。端的に言い切るならば、「歎異」とは真実なる教えのはたらきなのである。それゆえにわたしは、『歎異抄』のどの一条、どの一句、どの一言のうえにも、真実の教えのはたらきの悲心が聞き取れない限り、『歎異抄』もまた異解に対する苛酷な排斥の書となり、一方では仲間意識のもとで、自らの所属する組織の保身の指南書に止《とど》まってしまうことであろう。

なづけて『歎異抄』というべし。外見《げけん》あるべからず。

この一句で閉じられた悲心の深みを、改めて拝受するばかりである。

追記

この書の本文のもとは、朝日カルチャーセンター京都教室の要望で、一九八四（昭和五十九）年四月から同年九月までの六ヵ月の間に、「歎異抄のこころ」という講題のもとで話したものである。『歎異抄』の概要を話してほしいという要請であり、わたし自身、決して満足できるものではなかったが、今回の出版を機に可能な限り整文化し、まったく新しいものとした。そのためか従来のわたしの文章とは異なる新鮮なものを感じる。

世に数多の歎異抄了解書がすでに存在し、近年はとくに出版状勢が困難ななか、本書の上梓を決断してくださった方丈堂出版社長 光本稔氏には心から感謝の意を表する。

それにしても、二十年の時の隔たりをほとんど感じないことに驚いている。歩みのない思想は、既に死んでいる。しかし、そうとも言い切れないようにも感ずる。老執のなせるわざか。

二〇〇四（平成十六）年六月二十二日

岩倉　聞光舎にて　　著者

✳ 著者略歴 ✳
廣瀬 杲（ひろせ・たかし）

1924（大正13）年 京都府生まれ
1953（昭和28）年 大谷大学文学部卒業
1965（昭和40）年 大谷大学文学部教授
1980（昭和55）年 大谷大学学長 兼 大谷大学短期大学部長
1989（平成元）年 大谷大学名誉教授

1976（昭和51）年 文学博士
論題「真宗救済の道理――浄土教の課題と信の構造を中心として――」

著 書
『真宗救済論』『観経四帖疏講義（全9巻）』『歎異抄講話（全4巻）』（以上、法藏館）、『観無量寿経に聞く』（教育新潮社）、『海と群萠』『群萠の仏道』（以上、文栄堂書店）ほか多数。

廣瀬杲 歎異抄《たんにしょう》の心を語る

2004年7月10日 初版第1刷発行

著者……………………… 廣瀬 杲
発行者…………………… 光本 稔
発行……………………… 株式会社 方丈堂出版
本社／〒601-1422 京都市伏見区日野不動講町38-25
電 話（075）572-7508
FAX（075）571-4373
東京支社／〒112-0002 東京都文京区小石川2丁目23-12
エスティビル小石川4F
電 話（03）5842-5196
FAX（03）5842-5197
発売……………………… 株式会社 婦女界出版社
〒112-0002 東京都文京区小石川2丁目23-12
エスティビル小石川4F
電 話（03）3815-8312
FAX（03）5842-5197

編集協力・本文デザイン…… 花月編集工房
印刷……………………… 株式会社三星社
製本……………………… 修明社製本所

ISBN4-89480-005-5 C0015